DASH DIABETISK DIET

2022

HÄLSA RECEPT FÖR ATT SÄNKA BLODTRYCK

MED LÅG SOCKER

VIOLA ANDREASSON

Innehållsförteckning

Kyckling och linsmix

Förberedelsetid: 10 minuter
Tillagningstid: 25 minuter
Portioner: 4

Ingredienser:

- 1 kopp konserverade tomater, osaltade, hackade
- Svartpeppar efter smak
- 1 msk chipotlepasta
- 1 pund skinnfria, benfria och tärnade kycklingbröst
- 2 dl konserverade linser, inget salt tillsatt, avrunna och sköljda
- ½ msk olivolja
- 1 gul lök, hackad
- 2 msk koriander, hackad

vägbeskrivning:

1. Hetta upp en panna med oljan på medelhög värme, tillsätt lökchipotlepastan, rör om och fräs i 5 minuter.
2. Tillsätt kycklingen, rör om och stek i 5 minuter.
3. Tillsätt de återstående ingredienserna, rör om, koka allt i 15 minuter, dela upp i skålar och servera.

Näring: Kalorier 369, Fett 17,6, Fiber 9, Kolhydrater 44,8, Protein 23,5

kyckling och blomkål

Förberedelsetid: 5 minuter
Tillagningstid: 25 minuter
Portioner: 4

Ingredienser:

- 1 pund skinnfria, benfria och tärnade kycklingbröst
- 2 dl blomkålsbuketter
- 1 msk olivolja
- 1 rödlök, hackad
- 1 msk balsamvinäger
- ½ dl röd paprika, hackad
- En nypa svartpeppar
- 2 vitlöksklyftor, hackade
- ½ kopp lågnatrium kycklingbuljong
- 1 kopp konserverade tomater, osaltade, hackade

vägbeskrivning:

1. Hetta upp en panna med oljan på medelhög värme, tillsätt lök, vitlök och kött och fräs i 5 minuter.
2. Tillsätt de återstående ingredienserna, blanda och koka på medelhög värme i 20 minuter.
3. Häll upp i skålar och servera till lunch.

Näring: Kalorier 366, Fett 12, Fiber 5,6, Kolhydrater 44,3, Protein 23,7

Basilika Tomat och Morotssoppa

Förberedelsetid: 10 minuter
Tillagningstid: 20 minuter
Portioner: 4

Ingredienser:

- 3 vitlöksklyftor, hackade
- 1 gul lök, hackad
- 3 morötter, hackade
- 1 msk olivolja
- 20 uns rostade tomater, inget salt tillsatt
- 2 dl grönsaksbuljong med låg natriumhalt
- 1 msk torkad basilika
- 1 dl kokosgrädde
- En nypa svartpeppar

vägbeskrivning:

1. Hetta upp en kastrull med oljan på medelvärme, tillsätt lök och vitlök och fräs i 5 minuter.
2. Tillsätt resterande ingredienser, rör om, koka upp, koka 15 minuter, puré soppan med en mixer, dela i skålar och servera till lunch.

Näring: Kalorier 244, Fett 17,8, Fiber 4,7, Kolhydrater 18,6, Protein 3,8

Fläsk med sötpotatis

Förberedelsetid: 10 minuter
Tillagningstid: 30 minuter
Portioner: 4

Ingredienser:

- 4 fläskkotletter, benfria
- 1 pund sötpotatis, skalad och skuren i klyftor
- 1 msk olivolja
- 1 kopp grönsaksbuljong, låg natriumhalt
- En nypa svartpeppar
- 1 tsk oregano, torkad
- 1 tsk torkad rosmarin
- 1 tsk basilika, torkad

vägbeskrivning:

1. Hetta upp en panna med olja på medelhög värme, lägg i fläskkotletterna och stek dem i 4 minuter på varje sida.
2. Tillsätt sötpotatisen och resten av ingredienserna, täck över och fortsätt koka på medelvärme i 20 minuter, rör om då och då.
3. Lägg upp allt på tallrikar och servera.

Näring: Kalorier 424, Fett 23,7, Fiber 5,1, Kolhydrater 32,3, Protein 19,9

Öring och morotssoppa

Förberedelsetid: 10 minuter
Tillagningstid: 25 minuter
Portioner: 4

Ingredienser:

- 1 gul lök, hackad
- 12 dl fiskfond med låg natriumhalt
- 1 pund morötter, skivade
- 1 pund öringfiléer, urbenade, skinnfria och tärnade
- 1 msk söt paprika
- 1 dl tomater, tärnade
- 1 msk olivolja
- Svartpeppar efter smak

vägbeskrivning:

1. Hetta upp en kastrull med oljan på medelhög värme, tillsätt löken, rör om och fräs i 5 minuter.
2. Tillsätt fisken, morötterna och resten av ingredienserna, låt sjuda och koka på medelvärme i 20 minuter.
3. Häll upp soppan i skålar och servera.

Näring: Kalorier 361, Fett 13,4, Fiber 4,6, Kolhydrater 164, Protein 44,1

Kalkon och fänkålsgryta

Förberedelsetid: 10 minuter
Tillagningstid: 45 minuter
Portioner: 4

Ingredienser:
- 1 kalkonbröst, utan skinn, benfritt och i tärningar
- 2 fänkålslökar, skivade
- 1 msk olivolja
- 2 lagerblad
- 1 gul lök, hackad
- 1 kopp konserverade tomater utan tillsatt salt
- 2 buljong med låg natriumhalt
- 3 vitlöksklyftor, hackade
- Svartpeppar efter smak

vägbeskrivning:
1. Hetta upp en panna med oljan på medelvärme, tillsätt lök och kött och fräs i 5 minuter.
2. Tillsätt fänkålen och resten av ingredienserna, låt koka upp och låt sjuda på medelvärme i 40 minuter, rör om då och då.
3. Fördela grytan mellan skålar och servera.

Näring: Kalorier 371, Fett 12,8, Fiber 5,3, Kolhydrater 16,7, Protein 11,9

Aubergine Soppa

Förberedelsetid: 10 minuter
Tillagningstid: 30 minuter
Portioner: 4

Ingredienser:

- 2 stora auberginer, grovt tärnade
- 1 liter grönsaksbuljong med låg natriumhalt
- 2 matskedar tomatpuré utan tillsatt salt
- 1 rödlök, hackad
- 1 msk olivolja
- 1 msk koriander, hackad
- En nypa svartpeppar

vägbeskrivning:

1. Hetta upp en kastrull med oljan på medelhög värme, tillsätt löken, rör om och fräs i 5 minuter.
2. Tillsätt auberginerna och övriga ingredienser, låt sjuda på medelhög värme, koka i 25 minuter, dela i skålar och servera.

Näring: Kalorier 335, Fett 14,4, Fiber 5, Kolhydrater 16,1, Protein 8,4

sötpotatisgrädde

Förberedelsetid: 10 minuter
Tillagningstid: 25 minuter
Portioner: 4

Ingredienser:

- 4 dl grönsaksbuljong
- 2 msk avokadoolja
- 2 sötpotatisar, skalade och tärnade
- 2 gula lökar, hackade
- 2 vitlöksklyftor, hackade
- 1 dl kokosmjölk
- En nypa svartpeppar
- ½ tsk basilika, hackad

vägbeskrivning:

1. Hetta upp en kastrull med oljan på medelvärme, tillsätt lök och vitlök, rör om och fräs i 5 minuter.
2. Tillsätt sötpotatisen och resten av ingredienserna, låt sjuda och koka på medelvärme i 20 minuter.
3. Puréa soppan med en stavmixer, häll upp i skålar och servera till lunch.

Näring: Kalorier 303, Fett 14,4, Fiber 4, Kolhydrater 9,8, Protein 4,5

Kyckling och svampsoppa

Förberedelsetid: 10 minuter
Tillagningstid: 30 minuter
Portioner: 4

Ingredienser:
- 1 liter grönsaksbuljong, låg natriumhalt
- 1 msk ingefära, riven
- 1 gul lök, hackad
- 1 msk olivolja
- 1 pund skinnfria, benfria och tärnade kycklingbröst
- ½ pund vit knappsvamp, skivad
- 4 thailändsk chili, hackad
- ¼ kopp limejuice
- ¼ kopp koriander, hackad
- En nypa svartpeppar

vägbeskrivning:
1. Hetta upp en kastrull med oljan på medelhög värme, tillsätt lök, ingefära, chili och köttet, rör om och fräs i 5 minuter.
2. Tillsätt svampen, rör om och koka i ytterligare 5 minuter.
3. Tillsätt de återstående ingredienserna, låt sjuda och koka på medelhög värme i ytterligare 20 minuter.
4. Häll upp soppan i skålar och servera genast.

Näring: Kalorier 226, Fett 8,4, Fiber 3,3, Kolhydrater 13,6, Protein 28,2

Lime Lax Pan

Förberedelsetid: 10 minuter
Tillagningstid: 20 minuter
Portioner: 4

Ingredienser:
- 4 laxfiléer, benfria
- 3 vitlöksklyftor, hackade
- 1 gul lök, hackad
- Svartpeppar efter smak
- 2 matskedar olivolja
- saft av 1 lime
- 1 msk limeskal, rivet
- 1 msk timjan, hackad

vägbeskrivning:
1. Hetta upp en panna med oljan på medelhög värme, tillsätt lök och vitlök, rör om och fräs i 5 minuter.
2. Lägg i fisken och stek i 3 minuter på varje sida.
3. Tillsätt resterande ingredienser, koka i ytterligare 10 minuter, dela upp på tallrikar och servera till lunch.

Näring: Kalorier 315, Fett 18,1, Fiber 1,1, Kolhydrater 4,9, Protein 35,1

potatissallad

Förberedelsetid: 10 minuter
Tillagningstid: 20 minuter
Portioner: 4

Ingredienser:

- 2 tomater, hackade
- 2 avokado, urkärnade och hackade
- 2 dl babyspenat
- 2 vårlökar, hackade
- 1 pund gyllene potatis, kokt, skalad och skuren i klyftor
- 1 msk olivolja
- 1 msk citronsaft
- 1 gul lök, hackad
- 2 vitlöksklyftor, hackade
- Svartpeppar efter smak
- 1 knippe koriander, hackad

vägbeskrivning:

1. Hetta upp en panna med oljan på medelhög värme, tillsätt lök, vårlök och vitlök, rör om och fräs i 5 minuter.
2. Tillsätt potatis, blanda försiktigt och koka i ytterligare 5 minuter.
3. Tillsätt resterande ingredienser, rör om, koka på medelhög värme i ytterligare 10 minuter, dela mellan skålar och servera till lunch.

Näring: Kalorier 342, Fett 23,4, Fiber 11,7, Kolhydrater 33,5, Protein 5

Köttfärs och tomatpanna

Förberedelsetid: 10 minuter
Tillagningstid: 20 minuter
Portioner: 4

Ingredienser:
- 1 pund nötkött, malet
- 1 rödlök, hackad
- 1 msk olivolja
- 1 dl körsbärstomater, halverade
- ½ röd paprika, hackad
- Svartpeppar efter smak
- 1 msk gräslök, hackad
- 1 msk rosmarin, hackad
- 3 matskedar nötbuljong med låg natriumhalt

vägbeskrivning:
1. Hetta upp en panna med oljan på medelhög värme, tillsätt lök och paprika, rör om och fräs i 5 minuter.
2. Tillsätt köttet, rör om och koka i ytterligare 5 minuter.
3. Tillsätt resterande ingredienser, blanda, koka 10 minuter, dela i skålar och servera till lunch.

Näring: Kalorier 320, Fett 11,3, Fiber 4,4, Kolhydrater 18,4, Protein 9

Räk- och avokadosallad

Förberedelsetid: 5 minuter
Tillagningstid: 0 minuter
Portioner: 4

Ingredienser:
- 1 apelsin, skalad och skuren i bitar
- 1 pund räkor, kokta, skalade och deveirade
- 2 koppar baby ruccola
- 1 avokado, urkärnad, skalad och tärnad
- 2 matskedar olivolja
- 2 msk balsamvinäger
- juice av en halv apelsin
- salt och svartpeppar

vägbeskrivning:
1. Blanda räkorna med apelsiner och övriga ingredienser i en salladsskål, rör om och servera till lunch.

Näring: Kalorier 300, Fett 5,2, Fiber 2, Kolhydrater 11,4, Protein 6,7

broccolikräm

Förberedelsetid: 10 minuter
Tillagningstid: 40 minuter
Portioner: 4

Ingredienser:
- 2 pund broccolibuketter
- 1 gul lök, hackad
- 1 msk olivolja
- Svartpeppar efter smak
- 2 vitlöksklyftor, hackade
- 3 dl nötköttsbuljong med låg natriumhalt
- 1 dl kokosmjölk
- 2 msk koriander, hackad

vägbeskrivning:
1. Hetta upp en kastrull med oljan på medelvärme, tillsätt lök och vitlök, rör om och fräs i 5 minuter.
2. Tillsätt broccolin och övriga ingredienser utom kokosmjölken, låt sjuda och koka på medelhög värme i ytterligare 35 minuter.
3. Purea soppan med en stavmixer, tillsätt kokosmjölken, puré igen, dela i skålar och servera.

Näring: Kalorier 330, Fett 11,2, Fiber 9,1, Kolhydrater 16,4, Protein 9,7

kålsoppa

Förberedelsetid: 10 minuter
Tillagningstid: 40 minuter
Portioner: 4

Ingredienser:

- 1 stort grönkålshuvud, grovt strimlad
- 1 gul lök, hackad
- 1 msk olivolja
- Svartpeppar efter smak
- 1 purjolök, hackad
- 2 koppar konserverade tomater, låg natriumhalt
- 4 dl kycklingbuljong, låg natriumhalt
- 1 msk koriander, hackad

vägbeskrivning:

1. Hetta upp en kastrull med oljan på medelhög värme, tillsätt lök och purjolök, rör om och fräs i 5 minuter.
2. Tillsätt kålen och resten av ingredienserna utom koriandern, låt sjuda och koka på medelvärme i 35 minuter.
3. Häll upp soppan i skålar, strö över koriander och servera.

Näring: Kalorier 340, Fett 11,7, Fiber 6, Kolhydrater 25,8, Protein 11,8

Selleri och blomkålssoppa

Förberedelsetid: 10 minuter
Tillagningstid: 40 minuter
Portioner: 4

Ingredienser:
- 2 pund blomkålsbuketter
- 1 rödlök, hackad
- 1 msk olivolja
- 1 dl tomatpuré
- Svartpeppar efter smak
- 1 dl selleri, hackad
- 6 dl kycklingbuljong med låg natriumhalt
- 1 msk dill, hackad

vägbeskrivning:
4. Hetta upp en kastrull med oljan på medelhög värme, tillsätt lök och selleri, rör om och fräs i 5 minuter.
5. Tillsätt blomkålen och resten av ingredienserna, låt sjuda och koka på medelvärme i ytterligare 35 minuter.
6. Fördela soppan mellan tallrikar och servera.

Näring: Kalorier 135, Fett 4, Fiber 8, Kolhydrater 21,4, Protein 7,7

Fläsk purjolökssoppa

Förberedelsetid: 10 minuter
Tillagningstid: 40 minuter
Portioner: 4

Ingredienser:

- 1 pund fläskgryta, tärnad
- Svartpeppar efter smak
- 5 purjolök, hackad
- 1 gul lök, hackad
- 2 matskedar olivolja
- 1 msk persilja, hackad
- 6 dl nötbuljong med låg natriumhalt

vägbeskrivning:

4. Hetta upp en kastrull med oljan på medelhög värme, tillsätt lök och purjolök, rör om och fräs i 5 minuter.
5. Tillsätt köttet, rör om och koka i ytterligare 5 minuter.
6. Tillsätt resten av ingredienserna, låt sjuda och koka på medelhög värme i 30 minuter.
7. Häll upp soppan i skålar och servera.

Näring: Kalorier 395, Fett 18,3, Fiber 2,6, Kolhydrater 18,4, Protein 38,2

Minty Räkbroccolisallad

Förberedelsetid: 5 minuter
Tillagningstid: 20 minuter
Portioner: 4

Ingredienser:

- 1/3 kopp lågnatrium grönsaksbuljong
- 2 matskedar olivolja
- 2 dl broccolibuktor
- 1 pund räkor, skalade och deveirade
- Svartpeppar efter smak
- 1 gul lök, hackad
- 4 körsbärstomater, halverade
- 2 vitlöksklyftor, hackade
- saft av ½ citron
- ½ kopp Kalamata-oliver, urkärnade och halverade
- 1 msk mynta, hackad

vägbeskrivning:

1. Hetta upp en panna med oljan på medelhög värme, tillsätt lök och vitlök, rör om och fräs i 3 minuter.
2. Tillsätt räkor, rör om och koka i ytterligare 2 minuter.
3. Tillsätt broccolin och övriga ingredienser, blanda, koka i 10 minuter, dela mellan skålar och servera till lunch.

Näring: Kalorier 270, Fett 11,3, Fiber 4,1, Kolhydrater 14,3, Protein 28,9

Räk- och torsksoppa

Förberedelsetid: 10 minuter
Tillagningstid: 20 minuter
Portioner: 4

Ingredienser:

- 1 liter lågnatrium kycklingbuljong
- ½ pund räkor, skalade och deveirade
- ½ pund torskfiléer, urbenade, utan skinn och tärnade
- 2 matskedar olivolja
- 2 tsk chilipulver
- 1 tsk söt paprika
- 2 schalottenlök, hackade
- En nypa svartpeppar
- 1 msk dill, hackad

vägbeskrivning:

1. Hetta upp en kastrull med oljan på medelhög värme, tillsätt schalottenlök, rör om och fräs i 5 minuter.
2. Tillsätt räkor och torsk och koka i ytterligare 5 minuter.
3. Tillsätt de återstående ingredienserna, låt sjuda och låt sjuda på medelvärme i 10 minuter.
4. Fördela soppan mellan tallrikar och servera.

Näring: Kalorier 189, Fett 8,8, Fiber 0,8, Kolhydrater 3,2, Protein 24,6

Blandning av räkor och vårlök

Förberedelsetid: 10 minuter
Tillagningstid: 10 minuter
Portioner: 4

Ingredienser:
- 2 pund räkor, skalade och deveirade
- 1 dl körsbärstomater, halverade
- 1 msk olivolja
- 4 vårlökar, hackade
- 1 msk balsamvinäger
- 1 msk gräslök, hackad

vägbeskrivning:
1. Hetta upp en panna med oljan på medelhög värme, tillsätt lök och körsbärstomater, rör om och fräs i 4 minuter.
2. Tillsätt räkorna och övriga ingredienser, koka i ytterligare 6 minuter, överför till tallrikar och servera.

Näring: Kalorier 313, Fett 7,5, Fiber 1, Kolhydrater 6,4, Protein 52,4

Spenatgryta

Förberedelsetid: 10 minuter
Tillagningstid: 15 minuter
Portioner: 4

Ingredienser:
- 1 msk olivolja
- 1 tsk ingefära, riven
- 2 vitlöksklyftor, hackade
- 1 gul lök, hackad
- 2 tomater, hackade
- 1 kopp konserverade tomater utan tillsatt salt
- 1 tsk malen spiskummin
- En nypa svartpeppar
- 1 dl grönsaksbuljong med låg natriumhalt
- 2 pund spenatblad

vägbeskrivning:
1. Hetta upp en kastrull med oljan på medelvärme, tillsätt ingefära, vitlök och lök, rör om och fräs i 5 minuter.
2. Tillsätt tomater, konserverade tomater och övriga ingredienser, rör om försiktigt, låt sjuda och koka i ytterligare 10 minuter.
3. Fördela grytan mellan skålar och servera.

Näring: Kalorier 123, Fett 4,8, Fiber 7,3, Kolhydrater 17, Protein 8,2

Curry blomkålsblandning

Förberedelsetid: 10 minuter
Tillagningstid: 25 minuter
Portioner: 4

Ingredienser:
- 1 rödlök, hackad
- 1 msk olivolja
- 2 vitlöksklyftor, hackade
- 1 röd paprika, hackad
- 1 grön paprika, hackad
- 1 msk limejuice
- 1 pund blomkålsbuketter
- 14 uns konserverade tomater, hackade
- 2 tsk currypulver
- En nypa svartpeppar
- 2 dl kokosgrädde
- 1 msk koriander, hackad

vägbeskrivning:
1. Hetta upp en kastrull med oljan på medelvärme, tillsätt lök och vitlök, rör om och fräs i 5 minuter.
2. Tillsätt paprikan och de andra ingredienserna, låt allt sjuda och koka på medelvärme i 20 minuter.
3. Häll upp allt i skålar och servera.

Näring: Kalorier 270, Fett 7,7, Fiber 5,4, Kolhydrater 12,9, Protein 7

Morot och zucchini gryta

Förberedelsetid: 10 minuter
Tillagningstid: 30 minuter
Portioner: 4

Ingredienser:
- 1 gul lök, hackad
- 2 matskedar olivolja
- 2 vitlöksklyftor, hackade
- 4 zucchini, skivade
- 2 morötter, skivade
- 1 tsk söt paprika
- ¼ tesked chilipulver
- En nypa svartpeppar
- ½ kopp tomater, hackade
- 2 dl grönsaksbuljong med låg natriumhalt
- 1 msk gräslök, hackad
- 1 msk rosmarin, hackad

vägbeskrivning:
1. Hetta upp en kastrull med oljan på medelvärme, tillsätt lök och vitlök, rör om och fräs i 5 minuter.
2. Tillsätt zucchini, morötter och övriga ingredienser, låt sjuda och koka i ytterligare 25 minuter.
3. Fördela grytan mellan skålar och servera direkt till lunch.

Näring: Kalorier 272, Fett 4,6, Fiber 4,7, Kolhydrater 14,9, Protein 9

Gryta med kål och haricots verts

Förberedelsetid: 10 minuter
Tillagningstid: 25 minuter
Portioner: 4

Ingredienser:

- 2 matskedar olivolja
- 1 rödkålshuvud, riven
- 1 rödlök, hackad
- 1 pund gröna bönor, putsade och halverade
- 2 vitlöksklyftor, hackade
- 7 uns konserverade tomater, utan tillsatt salt, hackade
- 2 dl grönsaksbuljong med låg natriumhalt
- En nypa svartpeppar
- 1 msk dill, hackad

vägbeskrivning:

1. Hetta upp en kastrull med olja över medelhög, tillsätt lök och vitlök, rör om och fräs i 5 minuter.
2. Tillsätt kålen och övriga ingredienser, rör om, täck över och låt sjuda på medelvärme i 20 minuter.
3. Häll upp i skålar och servera till lunch.

Näring: Kalorier 281, Fett 8,5, Fiber 7,1, Kolhydrater 14,9, Protein 6,7

Chilisoppa

Förberedelsetid: 5 minuter
Tillagningstid: 30 minuter
Portioner: 4

Ingredienser:
- 1 gul lök, hackad
- 1 msk olivolja
- 1 röd chili, hackad
- 1 tsk chilipulver
- ½ tsk varmt paprikapulver
- 4 vitlöksklyftor, hackade
- 1 pund vita knappsvampar, skivade
- 6 dl grönsaksbuljong med låg natriumhalt
- 1 dl tomater, hackade
- ½ msk persilja, hackad

vägbeskrivning:
1. Hetta upp en kastrull med oljan på medelhög värme, tillsätt lök, chili, varm paprika, chilipulver och vitlök, rör om och fräs i 5 minuter.
2. Tillsätt svampen, rör om och koka i ytterligare 5 minuter.
3. Tillsätt resten av ingredienserna, låt sjuda och låt sjuda på medelvärme i 20 minuter.
4. Fördela soppan mellan tallrikar och servera.

Näring: Kalorier 290, Fett 6,6, Fiber 4,6, Kolhydrater 16,9, Protein 10

Chili fläsk

Förberedelsetid: 10 minuter
Tillagningstid: 30 minuter
Portioner: 4

Ingredienser:
- 2 pund fläskgryta, tärnad
- 2 msk chilipasta
- 1 gul lök, hackad
- 2 vitlöksklyftor, hackade
- 1 msk olivolja
- 2 dl nötbuljong med låg natriumhalt
- 1 msk oregano, hackad

vägbeskrivning:
1. Hetta upp en kastrull med oljan på medelhög värme, tillsätt lök och vitlök, rör om och fräs i 5 minuter.
2. Tillsätt köttet och fräs ytterligare 5 minuter.
3. Tillsätt de återstående ingredienserna, låt sjuda och koka på medelhög värme i ytterligare 20 minuter.
4. Fördela blandningen mellan skålar och servera.

Näring: Kalorier 363, Fett 8,6, Fiber 7, Kolhydrater 17,3, Protein 18,4

Pepparsvamp Laxsallad

Förberedelsetid: 10 minuter
Tillagningstid: 20 minuter
Portioner: 4

Ingredienser:

- 10 uns rökt lax, låg natriumhalt, benfri, skinnfri och tärnad
- 2 vårlökar, hackade
- 2 röda chili, hackad
- 1 msk olivolja
- ½ tsk oregano, torkad
- ½ tsk rökt paprika
- En nypa svartpeppar
- 8 uns vita knappsvampar, skivade
- 1 msk citronsaft
- 1 kopp svarta oliver, urkärnade och halverade
- 1 msk persilja, hackad

vägbeskrivning:

1. Hetta upp en panna med oljan på medelhög värme, tillsätt lök och chili, rör om och koka i 4 minuter.
2. Tillsätt svampen, rör om och fräs i 5 minuter.
3. Tillsätt laxen och de andra ingredienserna, rör om, koka i ytterligare 10 minuter, dela mellan skålar och servera till lunch.

Näring: Kalorier 321, Fett 8,5, Fiber 8, Kolhydrater 22,2, Protein 13,5

Kikärts- och potatismedley

Förberedelsetid: 10 minuter
Tillagningstid: 30 minuter
Portioner: 4

Ingredienser:

- 2 matskedar olivolja
- 1 kopp konserverade kikärter, osaltade, avrunna och sköljda
- 1 pund sötpotatis, skalad och skuren i klyftor
- 4 vitlöksklyftor, hackade
- 2 schalottenlök, hackade
- 1 kopp konserverade tomater, osaltade och hackade
- 1 tsk koriander, mald
- 2 tomater, hackade
- 1 dl grönsaksbuljong med låg natriumhalt
- En nypa svartpeppar
- 1 msk citronsaft
- 1 msk koriander, hackad

vägbeskrivning:

1. Hetta upp en kastrull med oljan på medelhög värme, tillsätt schalottenlök och vitlök, rör om och fräs i 5 minuter.
2. Tillsätt kikärtorna, potatisen och övriga ingredienser, låt sjuda och koka på medelhög värme i 25 minuter.
3. Häll upp i skålar och servera till lunch.

Näring: Kalorier 341, Fett 11,7, Fiber 6, Kolhydrater 14,9, Protein 18,7

Kardemumma kycklingmix

Förberedelsetid: 10 minuter
Tillagningstid: 30 minuter
Portioner: 4

Ingredienser:

- 1 msk olivolja
- 1 pund skinnfria, benfria och tärnade kycklingbröst
- 1 schalottenlök, hackad
- 1 msk ingefära, riven
- 2 vitlöksklyftor, hackade
- 1 tsk kardemumma, mald
- ½ tsk gurkmejapulver
- 1 tsk limejuice
- 1 kopp lågnatrium kycklingbuljong
- 1 msk koriander, hackad

vägbeskrivning:

1. Hetta upp en kastrull med oljan på medelvärme, tillsätt schalottenlök, ingefära, vitlök, kardemumma och gurkmeja, rör om och fräs i 5 minuter.
2. Tillsätt köttet och fräs i 5 minuter.
3. Tillsätt resten av ingredienserna, låt sjuda och koka i 20 minuter.
4. Fördela blandningen mellan skålar och servera.

Näring: Kalorier 175, Fett 6,5, Fiber 0,5, Kolhydrater 3,3, Protein 24,7

Lins Chili

Förberedelsetid: 10 minuter
Tillagningstid: 35 minuter
Portioner: 6

Ingredienser:
- 1 grön paprika, hackad
- 1 msk olivolja
- 2 vårlökar, hackade
- 2 vitlöksklyftor, hackade
- 24 uns konserverade linser, utan tillsatt salt, avrunna och sköljda
- 2 dl grönsaksbuljong
- 2 msk chilipulver, mild
- ½ tsk chipotlepulver
- 30 uns konserverade tomater, utan tillsatt salt, hackade
- En nypa svartpeppar

vägbeskrivning:
1. Hetta upp en kastrull med oljan på medelhög värme, tillsätt lök och vitlök, rör om och fräs i 5 minuter.
2. Tillsätt paprika, linser och övriga ingredienser, låt sjuda och koka på medelvärme i 30 minuter.
3. Fördela chilin mellan skålar och servera till lunch.

Näring: Kalorier 466, Fett 5, Fiber 37,6, Kolhydrater 77,9, Protein 31,2

Rosmarinendive

Förberedelsetid: 10 minuter
Tillagningstid: 20 minuter
Portioner: 4

Ingredienser:

- 2 endivi, halverad på längden
- 2 matskedar olivolja
- 1 tsk torkad rosmarin
- ½ tsk gurkmejapulver
- En nypa svartpeppar

vägbeskrivning:

1. I en bakpanna, blanda endiven med oljan och andra ingredienser, blanda försiktigt, placera i ugnen och grädda vid 400 grader F i 20 minuter.
2. Lägg upp på tallrikar och servera som tillbehör.

Näring: Kalorier 66, Fett 7,1, Fiber 1, Kolhydrater 1,2, Protein 0,3

Citronendivier

Förberedelsetid: 10 minuter
Tillagningstid: 20 minuter
Portioner: 4

Ingredienser:

- 4 endivi, halverad på längden
- 1 msk citronsaft
- 1 msk citronskal, rivet
- 2 msk fettfri parmesan, riven
- 2 matskedar olivolja
- En nypa svartpeppar

vägbeskrivning:

1. Blanda endiverna i en gryta med citronsaften och övriga ingredienser utom parmesanen och rör om.
2. Strö ut parmesanen ovanpå, grädda endiverna i 20 minuter vid 200 grader F, arrangera på tallrikar och servera som tillbehör.

Näring: Kalorier 71, Fett 7,1, Fiber 0,9, Kolhydrater 2,3, Protein 0,9

Pesto sparris

Förberedelsetid: 10 minuter
Tillagningstid: 20 minuter
Portioner: 4

Ingredienser:
- 1 pund sparris, putsad
- 2 msk basilikapesto
- 1 msk citronsaft
- En nypa svartpeppar
- 3 matskedar olivolja
- 2 msk koriander, hackad

vägbeskrivning:
1. Ordna den sparrisklädda bakplåten, tillsätt peston och andra ingredienser, rör om, sätt in i ugnen och tillaga vid 400 grader F i 20 minuter.
2. Lägg upp på tallrikar och servera som tillbehör.

Näring: Kalorier 114, Fett 10,7, Fiber 2,4, Kolhydrater 4,6, Protein 2,6

paprika morötter

Förberedelsetid: 10 minuter
Tillagningstid: 30 minuter
Portioner: 4

Ingredienser:

- 1 pund babymorötter, putsade
- 1 msk söt paprika
- 1 tsk limejuice
- 3 matskedar olivolja
- En nypa svartpeppar
- 1 tsk sesam

vägbeskrivning:

1. Ordna morötterna på en bakplåtspappersklädd plåt, tillsätt paprikan och andra ingredienser utom sesamfröna, släng, ställ in i ugnen och grädda vid 200 grader F i 30 minuter.
2. Lägg upp morötterna på tallrikar, strö över sesamfrön och servera som tillbehör.

Näring: Kalorier 142, Fett 11,3, Fiber 4,1, Kolhydrater 11,4, Protein 1,2

Krämig potatispanna

Förberedelsetid: 10 minuter
Tillagningstid: 1 timme
Portioner: 8

Ingredienser:

- 1 pund gyllene potatis, skalad och skuren i klyftor
- 2 matskedar olivolja
- 1 rödlök, hackad
- 2 vitlöksklyftor, hackade
- 2 dl kokosgrädde
- 1 msk timjan, hackad
- ¼ tesked muskot, mald
- ½ kopp låg fetthalt parmesan, riven

vägbeskrivning:

1. Hetta upp en panna med olja på medelhög värme, tillsätt lök och vitlök och fräs i 5 minuter.
2. Tillsätt potatisen och fräs ytterligare 5 minuter.
3. Tillsätt grädden och resten av ingredienserna, rör om försiktigt, låt sjuda och koka på medelvärme i ytterligare 40 minuter.
4. Fördela blandningen mellan tallrikar och servera som tillbehör.

Näring: Kalorier 230, Fett 19,1, Fiber 3,3, Kolhydrater 14,3, Protein 3,6

sesamkål

Förberedelsetid: 10 minuter
Tillagningstid: 20 minuter
Portioner: 4

Ingredienser:
- 1 pund grönkål, grovt strimlad
- 2 matskedar olivolja
- En nypa svartpeppar
- 1 schalottenlök, hackad
- 2 vitlöksklyftor, hackade
- 2 msk balsamvinäger
- 2 tsk varmt paprikapulver
- 1 tsk sesam

vägbeskrivning:
1. Hetta upp en panna med olja på medelvärme, tillsätt schalottenlök och vitlök och fräs i 5 minuter.
2. Tillsätt kålen och övriga ingredienser, blanda, koka på medelhög värme i 15 minuter, dela mellan tallrikar och servera.

Näring: Kalorier 101, Fett 7,6, Fiber 3,4, Kolhydrater 84, Protein 1,9

Koriander Broccoli

Förberedelsetid: 10 minuter
Tillagningstid: 30 minuter
Portioner: 4

Ingredienser:
- 2 matskedar olivolja
- 1 pund broccolibuketter
- 2 vitlöksklyftor, hackade
- 2 msk chilisås
- 1 msk citronsaft
- En nypa svartpeppar
- 2 msk koriander, hackad

vägbeskrivning:
1. Blanda broccolin med oljan, vitlöken och andra ingredienser i en bakpanna, rör om lite, sätt in i ugnen och grädda vid 400 grader F i 30 minuter.
2. Fördela blandningen mellan tallrikar och servera som tillbehör.

Näring: Kalorier 103, Fett 7,4, Fiber 3, Kolhydrater 8,3, Protein 3,4

Chili groddar

Förberedelsetid: 10 minuter
Tillagningstid: 25 minuter
Portioner: 4

Ingredienser:
- 1 msk olivolja
- 1 pund brysselkål, putsad och halverad
- 2 vitlöksklyftor, hackade
- ½ kopp låg fetthalt mozzarella, strimlad
- En nypa pepparflingor, krossade

vägbeskrivning:
1. Blanda groddarna med oljan och övriga ingredienser utom osten i en gryta och blanda igenom.
2. Strö osten ovanpå, sätt in i ugnen och grädda vid 400 grader F i 25 minuter.
3. Lägg upp på tallrikar och servera som tillbehör.

Näring: Kalorier 91, Fett 4,5, Fiber 4,3, Kolhydrater 10,9, Protein 5

Blandning av brysselkål och vårlök

Förberedelsetid: 10 minuter
Tillagningstid: 25 minuter
Portioner: 4

Ingredienser:

- 2 matskedar olivolja
- 1 pund brysselkål, putsad och halverad
- 3 vårlökar, hackade
- 2 vitlöksklyftor, hackade
- 1 msk balsamvinäger
- 1 msk söt paprika
- En nypa svartpeppar

vägbeskrivning:

1. I en bakpanna, blanda brysselkålen med oljan och andra ingredienser, blanda och grädda vid 400 grader F i 25 minuter.
2. Fördela blandningen mellan tallrikar och servera.

Näring: Kalorier 121, Fett 7,6, Fiber 5,2, Kolhydrater 12,7, Protein 4,4

mosad blomkål

Förberedelsetid: 10 minuter
Tillagningstid: 25 minuter
Portioner: 4

Ingredienser:

- 2 pund blomkålsbuketter
- ½ kopp kokosmjölk
- En nypa svartpeppar
- ½ dl gräddfil med låg fetthalt
- 1 msk koriander, hackad
- 1 msk gräslök, hackad

vägbeskrivning:

1. Lägg blomkålen i en kastrull, täck med vatten, låt koka upp på medelvärme, koka i 25 minuter och låt rinna av.
2. Purea blomkålen, tillsätt mjölk, svartpeppar och grädde, blanda väl, dela mellan tallrikarna, strö över resterande ingredienser och servera.

Näring: Kalorier 188, Fett 13,4, Fiber 6,4, Kolhydrater 15, Protein 6,1

avokadosallad

Förberedelsetid: 5 minuter
Tillagningstid: 0 minuter
Portioner: 4

Ingredienser:
- 2 matskedar olivolja
- 2 avokado, skalade, urkärnade och skurna i klyftor
- 1 kopp Kalamata-oliver, urkärnade och halverade
- 1 dl tomater, tärnade
- 1 msk ingefära, riven
- En nypa svartpeppar
- 2 koppar baby ruccola
- 1 msk balsamvinäger

vägbeskrivning:
1. Blanda avokadon med kalamata och övriga ingredienser i en skål, rör om och servera som tillbehör.

Näring: Kalorier 320, Fett 30,4, Fiber 8,7, Kolhydrater 13,9, Protein 3

Rädissallad

Förberedelsetid: 5 minuter
Tillagningstid: 0 minuter
Portioner: 4

Ingredienser:
- 2 vårlökar, skivade
- 1 pund rädisor, tärnade
- 2 msk balsamvinäger
- 2 matskedar olivolja
- 1 tsk chilipulver
- 1 kopp svarta oliver, urkärnade och halverade
- En nypa svartpeppar

vägbeskrivning:
1. Blanda rädisorna med löken och övriga ingredienser i en stor salladsskål, rör om och servera som tillbehör.

Näring: Kalorier 123, Fett 10,8, Fiber 3,3, Kolhydrater 7, Protein 1,3

Citronendivesallad

Förberedelsetid: 5 minuter
Tillagningstid: 0 minuter
Portioner: 4

Ingredienser:
- 2 endivi, grovt hackad
- 1 msk dill, hackad
- ¼ kopp citronsaft
- ¼ kopp olivolja
- 2 dl babyspenat
- 2 tomater, tärnade
- 1 gurka, skivad
- ½ kopp valnötter, hackade

vägbeskrivning:
1. Blanda endiven med spenaten och övriga ingredienser i en stor skål, rör om och servera som tillbehör.

Näring: Kalorier 238, Fett 22,3, Fiber 3,1, Kolhydrater 8,4, Protein 5,7

Blandning av oliver och majs

Förberedelsetid: 5 minuter
Tillagningstid: 0 minuter
Portioner: 4

Ingredienser:
- 2 matskedar olivolja
- 1 msk balsamvinäger
- En nypa svartpeppar
- 4 koppar majs
- 2 dl svarta oliver, urkärnade och halverade
- 1 rödlök, hackad
- ½ dl körsbärstomater, halverade
- 1 msk basilika, hackad
- 1 msk jalapeno, hackad
- 2 dl romainesallat, strimlad

vägbeskrivning:
1. Blanda majsen med oliverna, salladen och övriga ingredienser i en stor skål, blanda väl, dela upp på tallrikar och servera som tillbehör.

Näring: Kalorier 290, Fett 16,1, Fiber 7,4, Kolhydrater 37,6, Protein 6,2

Sallad med ruccola och pinjenötter

Förberedelsetid: 5 minuter
Tillagningstid: 0 minuter
Portioner: 4

Ingredienser:
- ¼ kopp granatäpplekärnor
- 5 koppar baby ruccola
- 6 matskedar salladslök, hackad
- 1 msk balsamvinäger
- 2 matskedar olivolja
- 3 msk pinjenötter
- ½ schalottenlök, hackad

vägbeskrivning:
1. I en salladsskål, kombinera ruccolan med granatäpple och andra ingredienser, blanda och servera.

Näring: Kalorier 120, Fett 11,6, Fiber 0,9, Kolhydrater 4,2, Protein 1,8

mandel och spenat

Förberedelsetid: 10 minuter
Tillagningstid: 0 minuter
Portioner: 4

Ingredienser:
- 2 matskedar olivolja
- 2 avokado, skalade, urkärnade och skurna i klyftor
- 3 dl babyspenat
- ¼ kopp mandel, rostad och hackad
- 1 msk citronsaft
- 1 msk koriander, hackad

vägbeskrivning:
1. Blanda avokadon med mandel, spenat och övriga ingredienser i en skål, rör om och servera som tillbehör.

Näring: Kalorier 181, Fett 4, Fiber 4,8, Kolhydrater 11,4, Protein 6

Gröna bönor och lammsallat

Förberedelsetid: 4 minuter
Tillagningstid: 0 minuter
Portioner: 4

Ingredienser:
- saft av 1 lime
- 2 dl romainesallat, strimlad
- 1 kopp majs
- ½ pund haricots verts, blancherade och halverade
- 1 gurka, hackad
- 1/3 dl gräslök, hackad

vägbeskrivning:
1. Blanda haricots verts med majs och övriga ingredienser i en skål, rör om och servera.

Näring: Kalorier 225, Fett 12, Fiber 2,4, Kolhydrater 11,2, Protein 3,5

Endivie och grönkålssallad

Förberedelsetid: 4 minuter
Tillagningstid: 0 minuter
Portioner: 4

Ingredienser:
- 3 matskedar olivolja
- 2 endivier, putsade och strimlade
- 2 msk limejuice
- 1 msk limeskal, rivet
- 1 rödlök, skivad
- 1 msk balsamvinäger
- 1 pund grönkål, strimlad
- En nypa svartpeppar

vägbeskrivning:
1. Blanda endiven med grönkålen och övriga ingredienser i en skål, rör om väl och servera kallt som en sallad.

Näring: Kalorier 270, Fett 11,4, Fiber 5, Kolhydrater 14,3, Protein 5,7

Edamame sallad

Förberedelsetid: 5 minuter
Tillagningstid: 6 minuter
Portioner: 4

Ingredienser:

- 2 matskedar olivolja
- 2 msk balsamvinäger
- 2 vitlöksklyftor, hackade
- 3 koppar edamame, skalad
- 1 msk gräslök, hackad
- 2 schalottenlök, hackade

vägbeskrivning:

1. Hetta upp en panna med oljan på medelhög värme, tillsätt edamame, vitlök och andra ingredienser, rör om, koka 6 minuter, överför till tallrikar och servera.

Näring: Kalorier 270, Fett 8,4, Fiber 5,3, Kolhydrater 11,4, Protein 6

Druv- och avokadosallad

Förberedelsetid: 5 minuter
Tillagningstid: 0 minuter
Portioner: 4

Ingredienser:
- 2 dl babyspenat
- 2 avokado, skalade, urkärnade och grovt tärnade
- 1 gurka, skivad
- 1 ½ dl gröna druvor, halverade
- 2 msk avokadoolja
- 1 msk äppelcidervinäger
- 2 msk persilja, hackad
- En nypa svartpeppar

vägbeskrivning:
1. Blanda babyspenaten med avokadon och övriga ingredienser i en salladsskål, rör om och servera.

Näring: Kalorier 277, Fett 11,4, Fiber 5, Kolhydrater 14,6, Protein 4

Oregano aubergineblandning

Förberedelsetid: 10 minuter
Tillagningstid: 20 minuter
Portioner: 4

Ingredienser:

- 2 stora auberginer, grovt tärnade
- 1 msk oregano, hackad
- ½ kopp låg fetthalt parmesan, riven
- ¼ tesked vitlökspulver
- 2 matskedar olivolja
- En nypa svartpeppar

vägbeskrivning:

1. Blanda auberginerna med oregano och övriga ingredienser utom osten i en ugnsfast form och rör om.
2. Strö över parmesan, sätt in i ugnen och grädda i 370 grader i 20 minuter.
3. Lägg upp på tallrikar och servera som tillbehör.

Näring: Kalorier 248, Fett 8,4, Fiber 4, Kolhydrater 14,3, Protein 5,4

Bakad tomatmix

Förberedelsetid: 10 minuter
Tillagningstid: 20 minuter
Portioner: 4

Ingredienser:
- 2 pund tomater, halverade
- 1 msk basilika, hackad
- 3 matskedar olivolja
- skal av 1 citron, rivet
- 3 vitlöksklyftor, hackade
- ¼ kopp låg fetthalt parmesan, riven
- En nypa svartpeppar

vägbeskrivning:
1. Blanda tomaterna med basilikan och övriga ingredienser utom osten i en ugnsform och rör om.
2. Strö över parmesanen, sätt in i ugnen på 375 grader F i 20 minuter, dela mellan tallrikar och servera som en sida.

Näring: Kalorier 224, Fett 12, Fiber 4,3, Kolhydrater 10,8, Protein 5,1

Timjan svamp

Förberedelsetid: 10 minuter
Tillagningstid: 30 minuter
Portioner: 4

Ingredienser:
- 2 pund vita knappsvampar, halverade
- 4 vitlöksklyftor, hackade
- 2 matskedar olivolja
- 1 msk timjan, hackad
- 2 msk persilja, hackad
- Svartpeppar efter smak

vägbeskrivning:
1. I en bakpanna, kombinera svampen med vitlöken och andra ingredienser, släng, placera i ugnen och tillaga vid 400 grader F i 30 minuter.
2. Lägg upp på tallrikar och servera som tillbehör.

Näring: Kalorier 251, Fett 9,3, Fiber 4, Kolhydrater 13,2, Protein 6

Stek spenaten och majsen

Förberedelsetid: 10 minuter
Tillagningstid: 15 minuter
Portioner: 4

Ingredienser:
- 1 kopp majs
- 1 pund spenatblad
- 1 tsk söt paprika
- 1 msk olivolja
- 1 gul lök, hackad
- ½ kopp basilika, riven
- En nypa svartpeppar
- ½ tsk röd paprikaflingor

vägbeskrivning:
1. Hetta upp en panna med oljan på medelhög värme, tillsätt löken, rör om och fräs i 5 minuter.
2. Tillsätt majs, spenat och övriga ingredienser, rör om, koka på medelvärme i ytterligare 10 minuter, dela mellan tallrikar och servera.

Näring: Kalorier 201, Fett 13,1, Fiber 2,5, Kolhydrater 14,4, Protein 3,7

Fräs majsen och vårlöken

Förberedelsetid: 10 minuter
Tillagningstid: 15 minuter
Portioner: 4

Ingredienser:

- 4 koppar majs
- 1 msk avokadoolja
- 2 schalottenlök, hackade
- 1 tsk chilipulver
- 2 matskedar tomatpuré, utan tillsatt salt
- 3 vårlökar, hackade
- En nypa svartpeppar

vägbeskrivning:

1. Hetta upp en panna med oljan på medelhög värme, tillsätt vårlöken och chilipulvret, rör om och fräs i 5 minuter.
2. Tillsätt majs och övriga ingredienser, rör om, koka i ytterligare 10 minuter, dela mellan tallrikar och servera som tillbehör.

Näring: Kalorier 259, Fett 11,1, Fiber 2,6, Kolhydrater 13,2, Protein 3,5

Spenat och mango sallad

Förberedelsetid: 10 minuter
Tillagningstid: 0 minuter
Portioner: 4

Ingredienser:

- 1 dl mango, skalad och tärnad
- 4 dl babyspenat
- 1 msk olivolja
- 2 vårlökar, hackade
- 1 msk citronsaft
- 1 msk kapris, avrunnen, inget salt tillsatt
- 1/3 kopp mandel, hackad

vägbeskrivning:

1. Blanda spenaten med mangon och övriga
   ingredienser i en skål, rör om och servera.

Näring: Kalorier 200, Fett 7,4, Fiber 3, Kolhydrater 4,7, Protein 4,4

senapspotatis

Förberedelsetid: 5 minuter
Tillagningstid: 1 timme
Portioner: 4

Ingredienser:

- 1 pund gyllene potatis, skalad och skuren i klyftor
- 2 matskedar olivolja
- En nypa svartpeppar
- 2 msk rosmarin, hackad
- 1 msk dijonsenap
- 2 vitlöksklyftor, hackade

vägbeskrivning:

1. Blanda potatisen med oljan och andra ingredienser i en bakpanna, rör om, sätt in i ugnen på 400 grader F och grädda i ca 1 timme.
2. Lägg upp på tallrikar och servera genast som tillbehör.

Näring: Kalorier 237, Fett 11,5, Fiber 6,4, Kolhydrater 14,2, Protein 9

Kokos brysselkål

Förberedelsetid: 5 minuter
Tillagningstid: 30 minuter
Portioner: 4

Ingredienser:

- 1 pund brysselkål, putsad och halverad
- 1 dl kokosgrädde
- 1 msk olivolja
- 2 schalottenlök, hackade
- En nypa svartpeppar
- ½ dl cashewnötter, hackade

vägbeskrivning:

1. I en stekpanna, kombinera groddarna med den tunga grädden och återstående ingredienser, släng och grädda i ugnen vid 350 grader F i 30 minuter.
2. Lägg upp på tallrikar och servera som tillbehör.

Näring: Kalorier 270, Fett 6,5, Fiber 5,3, Kolhydrater 15,9, Protein 3,4

salvia morötter

Förberedelsetid: 10 minuter
Tillagningstid: 30 minuter
Portioner: 4

Ingredienser:
- 2 matskedar olivolja
- 2 tsk söt paprika
- 1 pund morötter, skalade och grovt tärnade
- 1 rödlök, hackad
- 1 msk salvia, hackad
- En nypa svartpeppar

vägbeskrivning:
1. Blanda morötterna med oljan och andra ingredienser i en bakpanna, rör om och grädda vid 380 grader F i 30 minuter.
2. Bred ut på tallrikar och servera.

Näring: Kalorier 200, Fett 8,7, Fiber 2,5, Kolhydrater 7,9, Protein 4

vitlökssvamp och majs

Förberedelsetid: 10 minuter
Tillagningstid: 20 minuter
Portioner: 4

Ingredienser:
- 1 pund vita knappsvampar, halverade
- 2 koppar majs
- 2 matskedar olivolja
- 4 vitlöksklyftor, hackade
- 1 kopp konserverade tomater, osaltade, hackade
- En nypa svartpeppar
- ½ tsk chilipulver

vägbeskrivning:
1. Hetta upp en panna med oljan på medelhög värme, tillsätt svamp, vitlök och majs, rör om och fräs i 10 minuter.
2. Tillsätt resterande ingredienser, rör om, koka på medelhög värme i ytterligare 10 minuter, överför till tallrikar och servera.

Näring: Kalorier 285, Fett 13, Fiber 2,2, Kolhydrater 14,6, Protein 6,7.

Pesto gröna bönor

Förberedelsetid: 10 minuter
Tillagningstid: 15 minuter
Portioner: 4

Ingredienser:

- 2 msk basilikapesto
- 2 tsk söt paprika
- 1 pund gröna bönor, putsade och halverade
- saft av 1 citron
- 2 matskedar olivolja
- 1 rödlök, skivad
- En nypa svartpeppar

vägbeskrivning:

1. Hetta upp en panna med oljan på medelhög värme, tillsätt löken, rör om och fräs i 5 minuter.
2. Tillsätt bönorna och de återstående ingredienserna, blanda, koka på medelvärme i 10 minuter, överför till tallrikar och servera.

Näring: Kalorier 280, Fett 10, Fiber 7,6, Kolhydrater 13,9, Protein 4,7

dragontomater

Förberedelsetid: 5 minuter
Tillagningstid: 0 minuter
Portioner: 4

Ingredienser:
- 1 ½ msk olivolja
- 1 pund tomater, skurna i klyftor
- 1 msk limejuice
- 1 msk limeskal, rivet
- 2 msk dragon, hackad
- En nypa svartpeppar

vägbeskrivning:
1. Blanda tomaterna med övriga ingredienser i en skål, rör om och servera som en sallad.

Näring: Kalorier 170, Fett 4, Fiber 2.1, Kolhydrater 11.8, Proteiner 6

mandelbetor

Förberedelsetid: 10 minuter
Tillagningstid: 30 minuter
Portioner: 4

Ingredienser:

- 4 rödbetor, skalade och skurna i klyftor
- 3 matskedar olivolja
- 2 msk mandel, hackad
- 2 msk balsamvinäger
- En nypa svartpeppar
- 2 msk persilja, hackad

vägbeskrivning:

1. I en bakpanna, släng rödbetorna med oljan och andra ingredienser, släng, placera i ugnen och grädda vid 400 grader F i 30 minuter.
2. Fördela blandningen mellan tallrikar och servera.

Näring: Kalorier 230, Fett 11, Fiber 4,2, Kolhydrater 7,3, Protein 3,6

Mintiga tomater och majs

Förberedelsetid: 5 minuter
Tillagningstid: 0 minuter
Portioner: 4

Ingredienser:

- 2 msk mynta, hackad
- 1 pund tomater, skurna i klyftor
- 2 koppar majs
- 2 matskedar olivolja
- 1 msk rosmarinvinäger
- En nypa svartpeppar

vägbeskrivning:

1. Blanda tomaterna med majsen och övriga
   ingredienser i en salladsskål, rör om och servera.

Njut av!

Näring: Kalorier 230, Fett 7,2, Fiber 2, Kolhydrater 11,6, Protein 4

Zucchini avokado salsa

Förberedelsetid: 5 minuter
Tillagningstid: 10 minuter
Portioner: 4

Ingredienser:

- 2 matskedar olivolja
- 2 zucchini, tärnade
- 1 avokado, skalad, urkärnad och tärnad
- 2 tomater, tärnade
- 1 gurka, tärnad
- 1 gul lök, hackad
- 2 msk färsk limejuice
- 2 msk koriander, hackad

vägbeskrivning:

1. Hetta upp en panna med olja på medelhög värme, tillsätt löken och zucchinin, rör om och koka i 5 minuter.
2. Tillsätt resterande ingredienser, rör om, koka i ytterligare 5 minuter, överför till tallrikar och servera.

Näring: Kalorier 290, Fett 11,2, Fiber 6,1, Kolhydrater 14,7, Protein 5,6

Äppelkålblandning

Förberedelsetid: 5 minuter
Tillagningstid: 0 minuter
Portioner: 4

Ingredienser:
- 2 gröna äpplen, urkärnade och tärnade
- 1 rödkålshuvud, riven
- 2 msk balsamvinäger
- ½ tsk spiskummin
- 2 matskedar olivolja
- Svartpeppar efter smak

vägbeskrivning:
1. Blanda kålen med äpplena och övriga ingredienser i en skål, rör om och servera som en sallad.

Näring: Kalorier 165, Fett 7,4, Fiber 7,3, Kolhydrater 26, Protein 2,6

Rostade rödbetor

Förberedelsetid: 10 minuter
Tillagningstid: 30 minuter
Portioner: 4

Ingredienser:
- 4 rödbetor, skalade och skurna i klyftor
- 2 matskedar olivolja
- 2 vitlöksklyftor, hackade
- En nypa svartpeppar
- ¼ kopp persilja, hackad
- ¼ kopp valnötter, hackade

vägbeskrivning:
1. I en gryta, släng rödbetorna med oljan och andra ingredienser, kasta till beläggning, ställ in i ugnen på 220 grader F, grädda 30 minuter, överför till tallrikar och servera som en sidrätt.

Näring: Kalorier 156, Fett 11,8, Fiber 2,7, Kolhydrater 11,5, Protein 3,8

dillkål

Förberedelsetid: 10 minuter
Tillagningstid: 15 minuter
Portioner: 4

Ingredienser:
- 1 pund grönkål, strimlad
- 1 gul lök, hackad
- 1 tomat, tärnad
- 1 msk dill, hackad
- En nypa svartpeppar
- 1 msk olivolja

vägbeskrivning:
1. Hetta upp en panna med olja på medelvärme, tillsätt löken och fräs i 5 minuter.
2. Tillsätt kålen och resten av ingredienserna, blanda, koka på medelvärme i 10 minuter, överför till tallrikar och servera.

Näring: Kalorier 74, Fett 3,7, Fiber 3,7, Kolhydrater 10,2, Protein 2,1

Kål och morotssallad

Förberedelsetid: 5 minuter
Tillagningstid: 0 minuter
Portioner: 4

Ingredienser:

- 2 schalottenlök, hackade
- 2 morötter, rivna
- 1 stort rödkålshuvud, rivet
- 1 msk olivolja
- 1 matsked rödvinäger
- En nypa svartpeppar
- 1 msk limejuice

vägbeskrivning:

1. Blanda kålen med schalottenlök och övriga ingredienser i en skål, rör om och servera som en sallad.

Näring: Kalorier 106, Fett 3,8, Fiber 6,5, Kolhydrater 18, Protein 3,3

Tomat och oliv salsa

Förberedelsetid: 10 minuter
Tillagningstid: 0 minuter
Portioner: 6

Ingredienser:
- 1 pund körsbärstomater, halverade
- 2 matskedar olivolja
- 1 kopp Kalamata-oliver, urkärnade och halverade
- En nypa svartpeppar
- 1 rödlök, hackad
- 1 msk balsamvinäger
- ¼ kopp koriander, hackad

vägbeskrivning:
1. Blanda tomaterna med oliverna och övriga ingredienser i en skål, rör om och servera som en sallad.

Näring: Kalorier 131, Fett 10,9, Fiber 3,1, Kolhydrater 9,2, Protein 1,6

Zucchinisallad

Förberedelsetid: 4 minuter
Tillagningstid: 0 minuter
Portioner: 4

Ingredienser:
- 2 zucchini, skivad med en spiralizer
- 1 rödlök, skivad
- 1 msk basilikapesto
- 1 msk citronsaft
- 1 msk olivolja
- ½ dl koriander, hackad
- Svartpeppar efter smak

vägbeskrivning:
1. Blanda zucchinin med löken och övriga ingredienser i en salladsskål, rör om och servera.

Näring: Kalorier 58, Fett 3,8, Fiber 1,8, Kolhydrater 6, Protein 1,6

Currymorotsört

Förberedelsetid: 4 minuter
Tillagningstid: 0 minuter
Portioner: 4

Ingredienser:

- 1 pund morötter, skalade och grovt rivna
- 2 msk avokadoolja
- 2 msk citronsaft
- 3 matskedar sesam
- ½ tsk currypulver
- 1 tsk torkad rosmarin
- ½ tsk malen spiskummin

vägbeskrivning:

1. Blanda morötterna med olja, citronsaft och resterande ingredienser i en skål, rör om och servera kallt som sallad.

Näring: Kalorier 99, Fett 4,4, Fiber 4,2, Kolhydrater 13,7, Protein 2,4

sallad och rödbetssallad

Förberedelsetid: 5 minuter
Tillagningstid: 0 minuter
Portioner: 4

Ingredienser:
- 1 msk ingefära, riven
- 2 vitlöksklyftor, hackade
- 4 koppar romainesallat, strimlad
- 1 rödbeta, skalad och riven
- 2 vårlökar, hackade
- 1 msk balsamvinäger
- 1 matsked sesam

vägbeskrivning:
1. Blanda salladen med ingefära, vitlök och övriga ingredienser i en skål, rör om och servera som tillbehör.

Näring: Kalorier 42, Fett 1,4, Fiber 1,5, Kolhydrater 6,7, Protein 1,4

örter rädisor

Förberedelsetid: 5 minuter
Tillagningstid: 0 minuter
Portioner: 4

Ingredienser:
- 1 pund röda rädisor, grovt tärnade
- 1 msk gräslök, hackad
- 1 msk persilja, hackad
- 1 msk oregano, hackad
- 2 matskedar olivolja
- 1 msk limejuice
- Svartpeppar efter smak

vägbeskrivning:
1. Blanda rädisorna med gräslöken och övriga ingredienser i en salladsskål, rör om och servera.

Näring: Kalorier 85, Fett 7,3, Fiber 2,4, Kolhydrater 5,6, Protein 1

Bakad fänkålsmix

Förberedelsetid: 5 minuter
Tillagningstid: 20 minuter
Portioner: 4

Ingredienser:
- 2 fänkålslökar, skivade
- 1 tsk söt paprika
- 1 liten rödlök, skivad
- 2 matskedar olivolja
- 2 msk limejuice
- 2 msk dill, hackad
- Svartpeppar efter smak

vägbeskrivning:
1. I en stekpanna, kombinera fänkålen med paprikan och andra ingredienser, blanda och grädda vid 380 grader F i 20 minuter.
2. Fördela blandningen mellan tallrikar och servera.

Näring: Kalorier 114, Fett 7,4, Fiber 4,5, Kolhydrater 13,2, Protein 2,1

Rostad paprika

Förberedelsetid: 10 minuter
Tillagningstid: 30 minuter
Portioner: 4

Ingredienser:
- 1 pund blandad paprika, skuren i klyftor
- 1 rödlök, tunt skivad
- 2 matskedar olivolja
- Svartpeppar efter smak
- 1 msk oregano, hackad
- 2 msk myntablad, hackade

vägbeskrivning:
1. Blanda paprikan med löken och andra ingredienser i en stekpanna, blanda och grädda vid 380 grader F i 30 minuter.
2. Fördela blandningen mellan tallrikar och servera.

Näring: Kalorier 240, Fett 8,2, Fiber 4,2, Kolhydrater 11,3, Protein 5,6

Stek dadlarna och vitkålen

Förberedelsetid: 5 minuter
Tillagningstid: 15 minuter
Portioner: 4

Ingredienser:

- 1 pund rödkål, strimlad
- 8 dadlar, urkärnade och skivade
- 2 matskedar olivolja
- ¼ kopp lågnatrium grönsaksbuljong
- 2 msk gräslök, hackad
- 2 msk citronsaft
- Svartpeppar efter smak

vägbeskrivning:

1. Hetta upp en panna med oljan på medelhög värme, tillsätt kål och dadlar, rör om och koka i 4 minuter.
2. Tillsätt buljongen och övriga ingredienser, rör om, koka på medelhög värme i ytterligare 11 minuter, överför till tallrikar och servera.

Näring: Kalorier 280, Fett 8,1, Fiber 4,1, Kolhydrater 8,7, Protein 6,3

Blandning av svarta bönor

Förberedelsetid: 4 minuter
Tillagningstid: 0 minuter
Portioner: 4

Ingredienser:

- 3 koppar konserverade svarta bönor, osaltade, avrunna och sköljda
- 1 dl körsbärstomater, halverade
- 2 schalottenlök, hackade
- 3 matskedar olivolja
- 1 msk balsamvinäger
- Svartpeppar efter smak
- 1 msk gräslök, hackad

vägbeskrivning:

1. Blanda bönorna med tomaterna och övriga ingredienser i en skål, rör om och servera kallt som tillbehör.

Näring: Kalorier 310, Fett 11,0, Fiber 5,3, Kolhydrater 19,6, Protein 6,8

Blandning av oliver och endive

Förberedelsetid: 4 minuter
Tillagningstid: 0 minuter
Portioner: 4

Ingredienser:

- 2 vårlökar, hackade
- 2 endivier, riven
- 1 kopp svarta oliver, urkärnade och skivade
- ½ kopp Kalamata-oliver, urkärnade och skivade
- ¼ kopp äppelcidervinäger
- 2 matskedar olivolja
- 1 msk koriander, hackad

vägbeskrivning:

1. Blanda endiven med oliverna och övriga ingredienser i en skål, rör om och servera.

Näring: Kalorier 230, Fett 9,1, Fiber 6,3, Kolhydrater 14,6, Protein 7,2

tomat-gurka-sallad

Förberedelsetid: 5 minuter
Tillagningstid: 0 minuter
Portioner: 4

Ingredienser:

- ½ pund tomater, tärnade
- 2 gurkor, skivade
- 1 msk olivolja
- 2 vårlökar, hackade
- Svartpeppar efter smak
- saft av 1 lime
- ½ kopp basilika, hackad

vägbeskrivning:

1. Blanda tomaterna med gurkan och övriga ingredienser i en salladsskål, rör om och servera kallt.

Näring: Kalorier 224, Fett 11,2, Fiber 5,1, Kolhydrater 8,9, Protein 6,2

Peppar och morotssallad

Förberedelsetid: 5 minuter
Tillagningstid: 0 minuter
Portioner: 4

Ingredienser:
- 1 dl körsbärstomater, halverade
- 1 gul paprika, hackad
- 1 röd paprika, hackad
- 1 grön paprika, hackad
- ½ pund morötter, rivna
- 3 msk rödvinsvinäger
- 2 matskedar olivolja
- 1 msk koriander, hackad
- Svartpeppar efter smak

vägbeskrivning:
1. Blanda tomaterna med paprikan, morötterna och övriga ingredienser i en salladsskål, rör om och servera som en sallad.

Näring: Kalorier 123, Fett 4, Fiber 8,4, Kolhydrater 14,4, Protein 1,1

Blandning av svarta bönor och ris

Förberedelsetid: 10 minuter
Tillagningstid: 30 minuter
Portioner: 4

Ingredienser:

- 2 matskedar olivolja
- 1 gul lök, hackad
- 1 kopp konserverade svarta bönor, osaltade, avrunna och sköljda
- 2 koppar svart ris
- 4 dl kycklingbuljong med låg natriumhalt
- 2 msk timjan, hackad
- Skal av en halv citron, rivet
- En nypa svartpeppar

vägbeskrivning:

1. Hetta upp en panna med oljan på medelhög värme, tillsätt löken, rör om och fräs i 4 minuter.
2. Tillsätt bönorna, riset och övriga ingredienser, rör om, låt koka upp och koka på medelvärme i 25 minuter.
3. Rör om blandningen, dela upp på tallrikar och servera.

Näring: Kalorier 290, Fett 15,3, Fiber 6,2, Kolhydrater 14,6, Protein 8

Ris blomkål mix

Förberedelsetid: 10 minuter
Tillagningstid: 25 minuter
Portioner: 4

Ingredienser:
- 1 dl blomkålsbuketter
- 1 kopp vitt ris
- 2 dl kycklingbuljong med låg natriumhalt
- 1 msk avokadoolja
- 2 schalottenlök, hackade
- ¼ kopp tranbär
- ½ kopp mandel, skivad

vägbeskrivning:
1. Hetta upp en panna med oljan på medelhög värme, tillsätt schalottenlök, rör om och fräs i 5 minuter.
2. Tillsätt blomkål, ris och övriga ingredienser, rör om, låt sjuda och koka på medelvärme i 20 minuter.
3. Fördela blandningen mellan tallrikar och servera.

Näring: Kalorier 290, Fett 15,1, Fiber 5,6, Kolhydrater 7, Protein 4,5

Blandning av balsamicobönor

Förberedelsetid: 10 minuter
Tillagningstid: 0 minuter
Portioner: 4

Ingredienser:

- 2 koppar konserverade svarta bönor, osaltade, avrunna och sköljda
- 2 dl konserverade vita bönor, osaltade, avrunna och sköljda
- 2 msk balsamvinäger
- 2 matskedar olivolja
- 1 tsk oregano, torkad
- 1 tsk basilika, torkad
- 1 msk gräslök, hackad

vägbeskrivning:

1. Blanda bönorna med vinägern och övriga ingredienser i en salladsskål, rör om och servera som en sallad.

Näring: Kalorier 322, Fett 15,1, Fiber 10, Kolhydrater 22,0, Protein 7

Krämiga kålrot

Förberedelsetid: 5 minuter
Tillagningstid: 20 minuter
Portioner: 4

Ingredienser:

- 1 pund rödbetor, skalade och tärnade
- 1 rödlök, hackad
- 1 msk olivolja
- ½ dl kokosgrädde
- 4 matskedar mager yoghurt
- 1 msk gräslök, hackad

vägbeskrivning:

1. Hetta upp en panna med oljan på medelhög värme, tillsätt löken, rör om och fräs i 4 minuter.
2. Tillsätt rödbetor, grädde och resten av ingredienserna, rör om, koka på medelvärme i ytterligare 15 minuter, dela upp på tallrikar och servera.

Näring: Kalorier 250, Fett 13,4, Fiber 3, Kolhydrater 13,3, Protein 6,4

Blanda avokado och paprika

Förberedelsetid: 10 minuter
Tillagningstid: 14 minuter
Portioner: 4

Ingredienser:
- 1 msk avokadoolja
- 1 tsk söt paprika
- 1 pund blandad paprika, skuren i strimlor
- 1 avokado, skalad, urkärnad och halverad
- 1 tsk vitlökspulver
- 1 tsk torkad rosmarin
- ½ dl grönsaksbuljong med låg natriumhalt
- Svartpeppar efter smak

vägbeskrivning:
1. Hetta upp en panna med oljan på medelhög värme, tillsätt all paprika, rör om och fräs i 5 minuter.
2. Tillsätt resterande ingredienser, rör om, koka på medelvärme i ytterligare 9 minuter, överför till tallrikar och servera.

Näring: Kalorier 245, Fett 13,8, Fiber 5, Kolhydrater 22,5, Protein 5,4

Rostad sötpotatis och rödbetor

Förberedelsetid: 10 minuter
Tillagningstid: 1 timme
Portioner: 4

Ingredienser:
- 3 matskedar olivolja
- 2 sötpotatisar, skalade och skurna i klyftor
- 2 rödbetor, skalade och skurna i klyftor
- 1 msk oregano, hackad
- 1 msk limejuice
- Svartpeppar efter smak

vägbeskrivning:
1. Ordna sötpotatisen och rödbetorna på en bakplåtspappersklädd plåt, tillsätt resterande ingredienser, blanda, sätt in i ugnen och grädda vid 375 grader F i 1 timme/
2. Lägg upp på tallrikar och servera som tillbehör.

Näring: Kalorier 240, Fett 11,2, Fiber 4, Kolhydrater 8,6, Protein 12,1

Stekt grönkål

Förberedelsetid: 10 minuter
Tillagningstid: 15 minuter
Portioner: 4

Ingredienser:

- 2 matskedar olivolja
- 3 matskedar kokos aminos
- 1 pund grönkål, strimlad
- 1 rödlök, hackad
- 2 vitlöksklyftor, hackade
- 1 msk limejuice
- 1 msk koriander, hackad

vägbeskrivning:

1. Hetta upp en panna med olivoljan på medelvärme, tillsätt lök och vitlök och fräs i 5 minuter.
2. Tillsätt grönkålen och övriga ingredienser, rör om, koka på medelhög värme i 10 minuter, dela mellan tallrikar och servera.

Näring: Kalorier 200, Fett 7,1, Fiber 2, Kolhydrater 6,4, Protein 6

Kryddade morötter

Förberedelsetid: 10 minuter
Tillagningstid: 20 minuter
Portioner: 4

Ingredienser:
- 1 msk citronsaft
- 1 msk olivolja
- ½ tsk kryddpeppar, mald
- ½ tsk malen spiskummin
- ½ tsk muskot, mald
- 1 pund babymorötter, putsade
- 1 msk rosmarin, hackad
- Svartpeppar efter smak

vägbeskrivning:
1. I en stekpanna, släng morötterna med citronsaft, olja och de andra ingredienserna, släng, ställ in i ugnen och grädda vid 400 grader F i 20 minuter.
2. Bred ut på tallrikar och servera.

Näring: Kalorier 260, Fett 11,2, Fiber 4,5, Kolhydrater 8,3, Protein 4,3

Citronärtskockor

Förberedelsetid: 10 minuter
Tillagningstid: 20 minuter
Portioner: 4

Ingredienser:

- 2 msk citronsaft
- 4 kronärtskockor, rensade och halverade
- 1 msk dill, hackad
- 2 matskedar olivolja
- En nypa svartpeppar

vägbeskrivning:

1. I en stekpanna, kombinera kronärtskockorna med citronsaften och andra ingredienser, rör försiktigt och grädda vid 200 grader F i 20 minuter. Bred ut på tallrikar och servera.

Näring: Kalorier 140, Fett 7,3, Fiber 8,9, Kolhydrater 17,7, Protein 5,5

Broccoli, bönor och ris

Förberedelsetid: 10 minuter
Tillagningstid: 30 minuter
Portioner: 4

Ingredienser:

- 1 dl broccolibuktor, hackade
- 1 kopp konserverade svarta bönor, osaltade, avrunna
- 1 kopp vitt ris
- 2 dl kycklingbuljong med låg natriumhalt
- 2 tsk söt paprika
- Svartpeppar efter smak

vägbeskrivning:

1. Häll buljongen i en kastrull, värm på medelhög värme, tillsätt riset och övriga ingredienser, rör om, låt koka upp och koka i 30 minuter, rör om då och då.
2. Fördela blandningen mellan tallrikar och servera som tillbehör.

Näring: Kalorier 347, Fett 1,2, Fiber 9, Kolhydrater 69,3, Protein 15,1

Bakad pumpa mix

Förberedelsetid: 10 minuter
Tillagningstid: 45 minuter
Portioner: 4

Ingredienser:
- 2 matskedar olivolja
- 2 pund butternut squash, skalad och skuren i klyftor
- 1 msk citronsaft
- 1 tsk chilipulver
- 1 tsk vitlökspulver
- 2 tsk koriander, hackad
- En nypa svartpeppar

vägbeskrivningar
1. I en stekpanna, kombinera squashen med oljan och andra ingredienser, blanda försiktigt, grädda i ugnen på 400 grader F i 45 minuter, dela mellan plattor och servera som en sidrätt.

Näring: Kalorier 167, Fett 7,4, Fiber 4,9, Kolhydrater 27,5, Protein 2,5

Krämig sparris

Förberedelsetid: 5 minuter
Tillagningstid: 20 minuter
Portioner: 4

Ingredienser:
- ½ tsk muskot, mald
- 1 pund sparris, putsad och halverad
- 1 dl kokosgrädde
- 1 gul lök, hackad
- 2 matskedar olivolja
- 1 msk limejuice
- 1 msk koriander, hackad

vägbeskrivning:
1. Hetta upp en panna med oljan på medelhög värme, tillsätt lök och muskotnöt, rör om och fräs i 5 minuter.
2. Tillsätt sparrisen och övriga ingredienser, rör om, låt sjuda och koka på medelvärme i 15 minuter.
3. Bred ut på tallrikar och servera.

Näring: Kalorier 236, Fett 21,6, Fiber 4,4, Kolhydrater 11,4, Protein 4,2

Basilika och rödbetor blanda

Förberedelsetid: 10 minuter
Tillagningstid: 15 minuter
Portioner: 4

Ingredienser:
- 1 msk avokadoolja
- 4 rödbetor, skivade
- ¼ kopp basilika, hackad
- Svartpeppar efter smak
- ¼ kopp lågnatrium grönsaksbuljong
- ½ kopp valnötter, hackade
- 2 vitlöksklyftor, hackade

vägbeskrivning:
1. Hetta upp en panna med olja på medelhög värme, tillsätt vitlök och rödbetor och fräs i 5 minuter.
2. Tillsätt de återstående ingredienserna, rör om, koka i ytterligare 10 minuter, överför till tallrikar och servera.

Näring: Kalorier 140, Fett 9,7, Fiber 3,3, Kolhydrater 10,5, Protein 5

Blanda ris och kapris

Förberedelsetid: 10 minuter
Tillagningstid: 20 minuter
Portioner: 4

Ingredienser:
- 1 kopp vitt ris
- 1 msk kapris, hackad
- 2 dl kycklingbuljong med låg natriumhalt
- 1 rödlök, hackad
- 1 msk avokadoolja
- 1 msk koriander, hackad
- 1 tsk söt paprika

vägbeskrivning:
1. Hetta upp en panna med oljan på medelhög värme, tillsätt löken, rör om och fräs i 5 minuter.
2. Tillsätt ris, kapris och övriga ingredienser, rör om, låt sjuda och koka i 15 minuter.
3. Fördela blandningen mellan tallrikar och servera som tillbehör.

Näring: Kalorier 189, Fett 0,9, Fiber 1,6, Kolhydrater 40,2, Protein 4,3

Spenat och grönkål blanda

Förberedelsetid: 5 minuter
Tillagningstid: 15 minuter
Portioner: 4

Ingredienser:

- 2 dl babyspenat
- 5 dl grönkål, strimlad
- 2 schalottenlök, hackade
- 2 vitlöksklyftor, hackade
- 1 kopp konserverade tomater, osaltade, hackade
- 1 msk olivolja

vägbeskrivning:

1. Hetta upp en panna med oljan på medelhög värme, tillsätt schalottenlök, rör om och fräs i 5 minuter.
2. Tillsätt spenat, grönkål och övriga ingredienser, rör om, låt koka i ytterligare 10 minuter, lägg upp på tallrikar och servera som tillbehör.

Näring: Kalorier 89, Fett 3,7, Fiber 2,2, Kolhydrater 12,4, Protein 3,6

Räkananasmix

Förberedelsetid: 10 minuter
Tillagningstid: 10 minuter
Portioner: 4

Ingredienser:

- 1 msk olivolja
- 1 pund räkor, skalade och deveirade
- 1 kopp ananas, skalad och tärnad
- saft av 1 citron
- Ett gäng persilja, hackad

vägbeskrivning:

1. Hetta upp en panna med olja på medelhög värme, tillsätt räkorna och stek i 3 minuter på varje sida.
2. Tillsätt de återstående ingredienserna, låt koka i ytterligare 4 minuter, dela upp i skålar och servera.

Näring: Kalorier 254, Fett 13,3, Fiber 6, Kolhydrater 14,9, Protein 11

Lax och gröna oliver

Förberedelsetid: 10 minuter
Tillagningstid: 20 minuter
Portioner: 4

Ingredienser:
- 1 gul lök, hackad
- 1 kopp gröna oliver, urkärnade och halverade
- 1 tsk chilipulver
- Svartpeppar efter smak
- 2 matskedar olivolja
- ¼ kopp lågnatrium grönsaksbuljong
- 4 laxfiléer, utan skinn och ben
- 2 msk gräslök, hackad

vägbeskrivning:
1. Hetta upp en panna med olja på medelvärme, tillsätt löken och fräs i 3 minuter.
2. Tillsätt laxen och stek i 5 minuter på varje sida. Tillsätt resterande ingredienser, stek blandningen i ytterligare 5 minuter, dela mellan tallrikarna och servera.

Näring: Kalorier 221, Fett 12,1, Fiber 5,4, Kolhydrater 8,5, Protein 11,2

lax och fänkål

Förberedelsetid: 5 minuter
Tillagningstid: 15 minuter
Portioner: 4

Ingredienser:
- 4 medelstora laxfiléer, utan skinn och ben
- 1 fänkålslök, hackad
- ½ dl grönsaksbuljong med låg natriumhalt
- 2 matskedar olivolja
- Svartpeppar efter smak
- ¼ kopp lågnatrium grönsaksbuljong
- 1 msk citronsaft
- 1 msk koriander, hackad

vägbeskrivning:
1. Hetta upp en panna med oljan på medelhög värme, tillsätt fänkålen och koka i 3 minuter.
2. Lägg i fisken och stek i 4 minuter på varje sida.
3. Tillsätt de återstående ingredienserna, låt koka i ytterligare 4 minuter, dela upp på tallrikar och servera.

Näring: Kalorier 252, Fett 9,3, Fiber 4,2, Kolhydrater 12,3, Protein 9

torsk och sparris

Förberedelsetid: 10 minuter
Tillagningstid: 14 minuter
Portioner: 4

Ingredienser:

- 1 msk olivolja
- 1 rödlök, hackad
- 1 pund torskfiléer, urbenade
- 1 knippe sparris, rensad
- Svartpeppar efter smak
- 1 dl kokosgrädde
- 1 msk gräslök, hackad

vägbeskrivning:

1. Hetta upp en panna med olja på medelhög värme, tillsätt lök och torsk och fräs i 3 minuter på varje sida.
2. Tillsätt de återstående ingredienserna, låt koka i ytterligare 8 minuter, dela upp på tallrikar och servera.

Näring: Kalorier 254, Fett 12,1, Fiber 5,4, Kolhydrater 4,2, Protein 13,5

Kryddade räkor

Förberedelsetid: 5 minuter
Tillagningstid: 8 minuter
Portioner: 4

Ingredienser:

- 1 tsk vitlökspulver
- 1 tsk rökt paprika
- 1 tsk malen spiskummin
- 1 tsk kryddpeppar, mald
- 2 matskedar olivolja
- 2 pund räkor, skalade och deveirade
- 1 msk gräslök, hackad

vägbeskrivning:

1. Hetta upp en panna med oljan på medelhög värme, tillsätt räkorna, vitlökspulvret och övriga ingredienser, stek 4 minuter på varje sida, lägg över i skålar och servera.

Näring: Kalorier 212, Fett 9,6, Fiber 5,3, Ko hydrater 12,7, Protein 15,4

havsabborre och tomater

Förberedelsetid: 10 minuter
Tillagningstid: 30 minuter
Portioner: 4

Ingredienser:

- 2 matskedar olivolja
- 2 pund havsabborrefiléer, utan skinn och ben
- Svartpeppar efter smak
- 2 dl körsbärstomater, halverade
- 1 msk gräslök, hackad
- 1 msk citronskal, rivet
- ¼ kopp citronsaft

vägbeskrivning:

1. Smörj en långpanna med olja och arrangera fisken i den.
2. Tillsätt tomaterna och andra ingredienser, ställ in formen i ugnen och grädda vid 380 grader F i 30 minuter.
3. Lägg upp allt på tallrikar och servera.

Näring: Kalorier 272, Fett 6,9, Fiber 6,2, Kolhydrater 18,4, Protein 9

räkor och bönor

Förberedelsetid: 10 minuter
Tillagningstid: 12 minuter
Portioner: 4

Ingredienser:
- 1 pund räkor, avskalade och skalade
- 1 msk olivolja
- saft av 1 lime
- 1 kopp konserverade svarta bönor, osaltade, avrunna
- 1 schalottenlök, hackad
- 1 msk oregano, hackad
- 2 vitlöksklyftor, hackade
- Svartpeppar efter smak

vägbeskrivning:
1. Hetta upp en panna med oljan på medelhög värme, tillsätt schalottenlök och vitlök, rör om och fräs i 3 minuter.
2. Tillsätt räkorna och koka i 2 minuter på varje sida.
3. Tillsätt bönorna och övriga ingredienser, koka allt i ytterligare 5 minuter på medelvärme, dela upp i skålar och servera.

Näring: Kalorier 253, Fett 11,6, Fiber 6, Kolhydrater 14,5, Protein 13,5

Räkor och pepparrotsblandning

Förberedelsetid: 5 minuter
Tillagningstid: 8 minuter
Portioner: 4

Ingredienser:

- 1 pund räkor, skalade och deveirade
- 2 schalottenlök, hackade
- 1 msk olivolja
- 1 msk gräslök, hackad
- 2 tsk beredd pepparrot
- ¼ kopp kokosgrädde
- Svartpeppar efter smak

vägbeskrivning:

4 Hetta upp en panna med oljan på medelhög värme, tillsätt
   schalottenlök och pepparrot, rör om och fräs i 2 minuter.
5 Tillsätt räkorna och övriga ingredienser, rör om, låt koka i
   ytterligare 6 minuter, dela mellan tallrikarna och servera.

Näring: Kalorier 233, Fett 6, Fiber 5, Kolhydrater 11,9, Protein 5,4

Sallad med räkor och dragon

Förberedelsetid: 4 minuter
Tillagningstid: 0 minuter
Portioner: 4

Ingredienser:
- 1 pund räkor, kokta, skalade och deveirade
- 1 msk dragon, hackad
- 1 msk kapris, avrunnen
- 2 matskedar olivolja
- Svartpeppar efter smak
- 2 dl babyspenat
- 1 msk balsamvinäger
- 1 liten rödlök, skivad
- 2 msk citronsaft

vägbeskrivning:
4 Blanda räkorna med dragon och övriga ingredienser i en skål,
rör om och servera.

Näring: Kalorier 258, Fett 12,4, Fiber 6, Kolhydrater 6,7, Protein
13,3

Parmesan torskmix

Förberedelsetid: 10 minuter
Tillagningstid: 20 minuter
Portioner: 4

Ingredienser:
- 4 torskfiléer, benfria
- ½ kopp lättriven parmesanost
- 3 vitlöksklyftor, hackade
- 1 msk olivolja
- 1 msk citronsaft
- ½ kopp vårlök, hackad

vägbeskrivning:
1. Hetta upp en panna med olja på medelhög värme, tillsätt vitlök och vårlök, rör om och fräs i 5 minuter.
2. Lägg i fisken och stek i 4 minuter på varje sida.
3. Tillsätt citronsaft, strö över parmesan, koka i ytterligare 2 minuter, dela upp på tallrikar och servera.

Näring: Kalorier 275, Fett 22,1, Fiber 5, Kolhydrater 18,2, Protein 12

Blandning av tilapia och rödlök

Förberedelsetid: 10 minuter
Tillagningstid: 15 minuter
Portioner: 4

Ingredienser:

- 4 tilapiafiléer, benfria
- 2 matskedar olivolja
- 1 msk citronsaft
- 2 tsk citronskal, rivet
- 2 rödlökar, grovt hackade
- 3 msk gräslök, hackad

vägbeskrivning:

1. Hetta upp en panna med olja på medelhög värme, tillsätt lök, citronskal och citronsaft, rör om och fräs i 5 minuter.
2. Tillsätt fisken och gräslöken, stek i 5 minuter på varje sida, dela mellan tallrikar och servera.

Näring: Kalorier 254, Fett 18,2, Fiber 5,4, Kolhydrater 11,7, Protein 4,5

öringsallad

Förberedelsetid: 6 minuter
Tillagningstid: 0 minuter
Portioner: 4

Ingredienser:

- 4 uns rökt öring, skinnfri, benfri och tärnad
- 1 msk limejuice
- 1/3 kopp fettfri yoghurt
- 2 avokado, skalade, urkärnade och tärnade
- 3 msk gräslök, hackad
- Svartpeppar efter smak
- 1 msk olivolja

vägbeskrivning:

1. Blanda öringen med avokadon och övriga ingredienser i en skål, rör om och servera.

Näring: Kalorier 244, Fett 9,45, Fiber 5,6, Kolhydrater 8,5, Protein 15

Balsamisk öring

Förberedelsetid: 5 minuter
Tillagningstid: 15 minuter
Portioner: 4

Ingredienser:
- 3 msk balsamvinäger
- 2 matskedar olivolja
- 4 öringfiléer, urbenade
- 3 msk persilja, finhackad
- 2 vitlöksklyftor, hackade

vägbeskrivning:
1. Hetta upp en panna med olja på medelhög värme, lägg i öringen och stek 6 minuter på varje sida.
2. Tillsätt de återstående ingredienserna, låt koka i ytterligare 3 minuter, överför till tallrikar och servera med en sallad.

Näring: Kalorier 314, Fett 14,3, Fiber 8,2, Kolhydrater 14,8, Protein 11,2

persilja lax

Förberedelsetid: 5 minuter
Tillagningstid: 12 minuter
Portioner: 4

Ingredienser:
- 2 vårlökar, hackade
- 2 tsk limejuice
- 1 msk gräslök, hackad
- 1 msk olivolja
- 4 laxfiléer, benfria
- Svartpeppar efter smak
- 2 msk persilja, hackad

vägbeskrivning:
1. Hetta upp en panna med oljan på medelhög värme, tillsätt vårlöken, rör om och fräs i 2 minuter.
2. Tillsätt laxen och övriga ingredienser, stek 5 minuter på varje sida, dela mellan tallrikar och servera.

Näring: Kalorier 290, Fett 14,4, Fiber 5,6, Kolhydrater 15,6, Protein 9,5

Öring och grönsakssallad

Förberedelsetid: 5 minuter
Tillagningstid: 0 minuter
Portioner: 4

Ingredienser:
- 2 matskedar olivolja
- ½ kopp Kalamata-oliver, urkärnade och hackade
- Svartpeppar efter smak
- 1 pund rökt öring, urbenad, skinnfri och tärnad
- ½ tsk citronskal, rivet
- 1 msk citronsaft
- 1 dl körsbärstomater, halverade
- ½ rödlök, skivad
- 2 koppar baby ruccola

vägbeskrivning:
1. Blanda den rökta öringen med oliverna, svartpeppar och övriga ingredienser i en skål, rör om och servera.

Näring: Kalorier 282, Fett 13,4, Fiber 5,3, Kolhydrater 11,6, Protein 5,6

saffranslax

Förberedelsetid: 10 minuter
Tillagningstid: 12 minuter
Portioner: 4

Ingredienser:
- Svartpeppar efter smak
- ½ tsk söt paprika
- 4 laxfiléer, benfria
- 3 matskedar olivolja
- 1 gul lök, hackad
- 2 vitlöksklyftor, hackade
- ¼ tesked saffranspulver

vägbeskrivning:
1. Hetta upp en panna med olja på medelhög värme, tillsätt lök och vitlök, rör om och fräs i 2 minuter.
2. Tillsätt laxen och övriga ingredienser, stek 5 minuter på varje sida, dela mellan tallrikar och servera.

Näring: Kalorier 339, Fett 21,6, Fiber 0,7, Kolhydrater 3,2, Protein 35

Räk- och vattenmelonsallad

Förberedelsetid: 10 minuter
Tillagningstid: 0 minuter
Portioner: 4

Ingredienser:
- ¼ kopp basilika, hackad
- 2 dl vattenmelon, skalad och tärnad
- 2 msk balsamvinäger
- 2 matskedar olivolja
- 1 pund räkor, skalade, deveirade och kokta
- Svartpeppar efter smak
- 1 msk persilja, hackad

vägbeskrivning:
1. Blanda räkorna med vattenmelon och övriga ingredienser i en skål, rör om och servera.

Näring: Kalorier 220, Fett 9, Fiber 0,4, Kolhydrater 7,6, Protein 26,4

Oregano räkor och quinoasallad

Förberedelsetid: 5 minuter
Tillagningstid: 8 minuter
Portioner: 4

Ingredienser:

- 1 pund räkor, skalade och deveirade
- 1 kopp quinoa, kokt
- Svartpeppar efter smak
- 1 msk olivolja
- 1 msk oregano, hackad
- 1 rödlök, hackad
- saft av 1 citron

vägbeskrivning:

1. Hetta upp en panna med oljan på medelhög värme, tillsätt löken, rör om och fräs i 2 minuter.
2. Tillsätt räkorna, rör om och koka i 5 minuter.
3. Tillsätt resterande ingredienser, rör om, dela i skålar och servera.

Näring: Kalorier 336, Fett 8,2, Fiber 4,1, Kolhydrater 32,3, Protein 32,3

krabba sallad

Förberedelsetid: 10 minuter
Tillagningstid: 0 minuter
Portioner: 4

Ingredienser:
- 1 msk olivolja
- 2 dl krabbkött
- Svartpeppar efter smak
- 1 dl körsbärstomater, halverade
- 1 schalottenlök, hackad
- 1 msk citronsaft
- 1/3 kopp koriander, hackad

vägbeskrivning:
1. Blanda räkorna med tomaterna och övriga ingredienser i en skål, rör om och servera.

Näring: Kalorier 54, Fett 3,9, Fiber 0,6, Kolhydrater 2,6, Protein 2,3

Balsamiska pilgrimsmusslor

Förberedelsetid: 4 minuter
Tillagningstid: 6 minuter
Portioner: 4

Ingredienser:

- 12 uns pilgrimsmusslor
- 2 matskedar olivolja
- 2 vitlöksklyftor, hackade
- 1 msk balsamvinäger
- 1 dl salladslök, skivad
- 2 msk koriander, hackad

vägbeskrivning:

1. Hetta upp en panna med oljan på medelhög värme, tillsätt vårlöken och vitlöken och fräs i 2 minuter.
2. Tillsätt pilgrimsmusslorna och övriga ingredienser, stek 2 minuter på varje sida, dela mellan tallrikar och servera.

Näring: Kalorier 146, Fett 7,7, Fiber 0,7, Kolhydrater 4,4, Protein 14,8

Krämig flundrablandning

Förberedelsetid: 10 minuter
Tillagningstid: 20 minuter
Portioner: 4

Ingredienser:
- 2 matskedar olivolja
- 1 rödlök, hackad
- Svartpeppar efter smak
- ½ dl grönsaksbuljong med låg natriumhalt
- 4 flundrafiléer, benfria
- ½ dl kokosgrädde
- 1 msk dill, hackad

vägbeskrivning:
1. Hetta upp en panna med oljan på medelhög värme, tillsätt löken, rör om och fräs i 5 minuter.
2. Lägg i fisken och stek i 4 minuter på varje sida.
3. Tillsätt de återstående ingredienserna, låt koka i ytterligare 7 minuter, arrangera på tallrikar och servera.

Näring: Kalorier 232, Fett 12,3, Fiber 4, Kolhydrater 8,7, Protein 12

Kryddig lax och mango mix

Förberedelsetid: 5 minuter
Tillagningstid: 0 minuter
Portioner: 4

Ingredienser:
- 1 pund rökt lax, urbenad, utan skinn och flingad
- Svartpeppar efter smak
- 1 rödlök, hackad
- 1 mango, skalad, kärnfri och hackad
- 2 jalapenopeppar, hackad
- ¼ kopp persilja, hackad
- 3 msk limejuice
- 1 msk olivolja

vägbeskrivning:
2. Blanda laxen med svartpeppar och övriga ingredienser i en skål, rör om och servera.

Näring: Kalorier 323, Fett 14,2, Fiber 4, Kolhydrater 8,5, Protein 20,4

Räkblandning med dill

Förberedelsetid: 5 minuter
Tillagningstid: 0 minuter
Portioner: 4

Ingredienser:
- 2 tsk citronsaft
- 1 msk olivolja
- 1 msk dill, hackad
- 1 pund räkor, kokta, skalade och deveirade
- Svartpeppar efter smak
- 1 dl rädisor, tärnade

vägbeskrivning:
1. Blanda räkorna med citronsaften och övriga ingredienser i en skål, rör om och servera.

Näring: Kalorier 292, Fett 13, Fiber 4,4, Kolhydrater 8, Protein 16,4

laxpaj

Förberedelsetid: 4 minuter
Tillagningstid: 0 minuter
Portioner: 6

Ingredienser:

- 6 uns rökt lax, urbenad, utan skinn och strimlad
- 2 matskedar mager yoghurt
- 3 tsk citronsaft
- 2 vårlökar, hackade
- 8 uns låg fetthalt färskost
- ¼ kopp koriander, hackad

vägbeskrivning:

1. Blanda i en skål laxen med yoghurten och övriga ingredienser, vispa och servera kall.

Näring: Kalorier 272, Fett 15,2, Fiber 4,3, Kolhydrater 16,8, Protein 9,9

Räkor med kronärtskockor

Förberedelsetid: 4 minuter
Tillagningstid: 8 minuter
Portioner: 4

Ingredienser:
- 2 vårlökar, hackade
- 1 kopp konserverade kronärtskockor, osaltade, avrunna och i fjärdedelar
- 2 msk koriander, hackad
- 1 pund räkor, skalade och deveirade
- 1 dl körsbärstomater, tärnade
- 1 msk olivolja
- 1 msk balsamvinäger
- En nypa salt och svartpeppar

vägbeskrivning:
1. Hetta upp en panna med olja på medelhög värme, tillsätt lök och kronärtskockor, rör om och koka i 2 minuter.
2. Tillsätt räkor, blanda och koka på medelvärme i 6 minuter.
3. Häll upp allt i skålar och servera.

Näring: Kalorier 260, Fett 8,23, Fiber 3,8, Kolhydrater 14,3, Protein 12,4

Räkor med citronsås

Förberedelsetid: 5 minuter
Tillagningstid: 8 minuter
Portioner: 4

Ingredienser:
- 1 pund räkor, skalade och deveirade
- 2 matskedar olivolja
- skal av 1 citron, rivet
- saft av ½ citron
- 1 msk gräslök, hackad

vägbeskrivning:
1. Hetta upp en panna med oljan på medelhög värme, tillsätt citronskal, citronsaft och koriander, rör om och låt koka i 2 minuter.
2. Tillsätt räkorna, koka i ytterligare 6 minuter, lägg upp på tallrikar och servera.

Näring: Kalorier 195, Fett 8,9, Fiber 0, Kolhydrater 1,8, Protein 25,9

Blandning av tonfisk och apelsin

Förberedelsetid: 5 minuter
Tillagningstid: 12 minuter
Portioner: 4

Ingredienser:

- 4 tonfiskfiléer, urbenade
- Svartpeppar efter smak
- 2 matskedar olivolja
- 2 schalottenlök, hackade
- 3 msk apelsinjuice
- 1 apelsin, skalad och skuren i bitar
- 1 msk oregano, hackad

vägbeskrivning:

1. Hetta upp en panna med oljan på medelhög värme, tillsätt schalottenlök, rör om och fräs i 2 minuter.
2. Tillsätt tonfisken och de andra ingredienserna, koka i ytterligare 10 minuter, lägg upp på tallrikar och servera.

Näring: Kalorier 457, Fett 38,2, Fiber 1,6, Kolhydrater 8,2, Protein 21,8

Lax Curry

Förberedelsetid: 10 minuter
Tillagningstid: 20 minuter
Portioner: 4

Ingredienser:
- 1 pund laxfilé, urbenad och tärnad
- 3 msk röd currypasta
- 1 rödlök, hackad
- 1 tsk söt paprika
- 1 dl kokosgrädde
- 1 msk olivolja
- Svartpeppar efter smak
- ½ kopp lågnatrium kycklingbuljong
- 3 msk basilika, hackad

vägbeskrivning:
1. Hetta upp en panna med oljan på medelvärme, tillsätt lök, paprika och currypasta, rör om och fräs i 5 minuter.
2. Tillsätt laxen och övriga ingredienser, blanda försiktigt, koka på medelvärme i 15 minuter, dela mellan skålar och servera.

Näring: Kalorier 377, Fett 28,3, Fiber 2,1, Kolhydrater 8,5, Protein 23,9

Lax och morotsmix

Förberedelsetid: 10 minuter
Tillagningstid: 15 minuter
Portioner: 4

Ingredienser:
- 4 laxfiléer, benfria
- 1 rödlök, hackad
- 2 morötter, skivade
- 2 matskedar olivolja
- 2 msk balsamvinäger
- Svartpeppar efter smak
- 2 msk gräslök, hackad
- ¼ kopp lågnatrium grönsaksbuljong

vägbeskrivning:
1. Hetta upp en panna med olja på medelhög värme, tillsätt lök och morötter, rör om och fräs i 5 minuter.
2. Tillsätt laxen och resten av ingredienserna, koka i ytterligare 10 minuter, dela upp på tallrikar och servera.

Näring: Kalorier 322, Fett 18, Fiber 1,4, Kolhydrater 6, Protein 35,2

Blandning av räkor och pinjenötter

Förberedelsetid: 10 minuter
Tillagningstid: 10 minuter
Portioner: 4

Ingredienser:
- 1 pund räkor, skalade och deveirade
- 2 msk pinjenötter
- 1 msk limejuice
- 2 matskedar olivolja
- 3 vitlöksklyftor, hackade
- Svartpeppar efter smak
- 1 msk timjan, hackad
- 2 msk gräslök, finhackad

vägbeskrivning:
1. Hetta upp en panna med oljan på medelhög värme, tillsätt vitlök, timjan, pinjenötter och limejuice, rör om och koka i 3 minuter.
2. Tillsätt räkor, svartpeppar och gräslök, rör om, koka ytterligare 7 minuter, överför till tallrikar och servera.

Näring: Kalorier 290, Fett 13, Fiber 4,5, Kolhydrater 13,9, Protein 10

Chili torsk och gröna bönor

Förberedelsetid: 10 minuter
Tillagningstid: 14 minuter
Portioner: 4

Ingredienser:
- 4 torskfiléer, benfria
- ½ pund gröna bönor, putsade och halverade
- 1 msk limejuice
- 1 msk limeskal, rivet
- 1 gul lök, hackad
- 2 matskedar olivolja
- 1 tsk malen spiskummin
- 1 tsk chilipulver
- ½ dl grönsaksbuljong med låg natriumhalt
- En nypa salt och svartpeppar

vägbeskrivning:
1. Hetta upp en panna med olja på medelhög värme, tillsätt löken, rör om och fräs i 2 minuter.
2. Lägg i fisken och stek i 3 minuter på varje sida.
3. Tillsätt haricots verts och resterande ingredienser, blanda försiktigt, koka i ytterligare 7 minuter, överför till tallrikar och servera.

Näring: Kalorier 220, Fett 13, Kolhydrater 14,3, Fiber 2,3, Protein 12

Vitlöksmusslor

Förberedelsetid: 5 minuter
Tillagningstid: 8 minuter
Portioner: 4

Ingredienser:
- 12 pilgrimsmusslor
- 1 rödlök, skivad
- 2 matskedar olivolja
- ½ tsk vitlök, hackad
- 2 msk citronsaft
- Svartpeppar efter smak
- 1 tsk balsamvinäger

vägbeskrivning:
1. Hetta upp en panna med oljan på medelhög värme, tillsätt lök och vitlök och fräs i 2 minuter.
2. Tillsätt pilgrimsmusslorna och övriga ingredienser, koka på medelhög värme i ytterligare 6 minuter, överför till tallrikar och servera varm.

Näring: Kalorier 259, Fett 8, Fiber 3, Kolhydrater 5,7, Protein 7

Krämig havsabborremix

Förberedelsetid: 10 minuter
Tillagningstid: 14 minuter
Portioner: 4

Ingredienser:
- 4 havsabborrefiléer, urbenade
- 1 dl kokosgrädde
- 1 gul lök, hackad
- 1 msk limejuice
- 2 msk avokadoolja
- 1 msk persilja, hackad
- En nypa svartpeppar

vägbeskrivning:
1. Hetta upp en panna med olja på medelhög värme, tillsätt löken, rör om och fräs i 2 minuter.
2. Lägg i fisken och stek i 4 minuter på varje sida.
3. Tillsätt de återstående ingredienserna, låt koka i ytterligare 4 minuter, dela upp på tallrikar och servera.

Näring: Kalorier 283, Fett 12,3, Fiber 5, Kolhydrater 12,5, Protein 8

Blandning av havsabborre och svamp

Förberedelsetid: 10 minuter
Tillagningstid: 13 minuter
Portioner: 4

Ingredienser:

- 4 havsabborrefiléer, urbenade
- 2 matskedar olivolja
- Svartpeppar efter smak
- ½ kopp vita knappsvampar, skivade
- 1 rödlök, hackad
- 2 msk balsamvinäger
- 3 msk koriander, hackad

vägbeskrivning:

1. Hetta upp en panna med oljan på medelhög värme, tillsätt lök och svamp, rör om och fräs i 5 minuter.
2. Tillsätt fisken och övriga ingredienser, koka 4 minuter på varje sida, dela upp på tallrikar och servera.

Näring: Kalorier 280, Fett 12,3, Fiber 8, Kolhydrater 13,6, Protein 14,3

lax soppa

Förberedelsetid: 5 minuter
Tillagningstid: 20 minuter
Portioner: 4

Ingredienser:

- 1 pund laxfiléer, urbenade, utan skinn och tärnade
- 1 dl gul lök, hackad
- 2 matskedar olivolja
- Svartpeppar efter smak
- 2 dl grönsaksbuljong med låg natriumhalt
- 1 och ½ dl tomater, hackade
- 1 msk basilika, hackad

vägbeskrivning:

1. Hetta upp en kastrull med oljan på medelhög värme, tillsätt löken, rör om och fräs i 5 minuter.
2. Tillsätt laxen och övriga ingredienser, låt sjuda och koka på medelvärme i 15 minuter.
3. Fördela chowdern mellan skålar och servera.

Näring: Kalorier 250, Fett 12,2, Fiber 5, Kolhydrater 8,5, Protein 7

Muskotnöt räkor

Förberedelsetid: 3 minuter
Tillagningstid: 6 minuter
Portioner: 4

Ingredienser:

- 1 pund räkor, skalade och deveirade
- 2 matskedar olivolja
- 1 msk citronsaft
- 1 msk muskotnöt, mald
- Svartpeppar efter smak
- 1 msk koriander, hackad

vägbeskrivning:

1. Hetta upp en panna med oljan på medelhög värme, tillsätt räkor, citronsaft och övriga ingredienser, rör om, koka i 6 minuter, överför till skålar och servera.

Näring: Kalorier 205, Fett 9,6, Fiber 0,4, Kolhydrater 2,7, Protein 26

Räk- och bärmix

Förberedelsetid: 4 minuter
Tillagningstid: 6 minuter
Portioner: 4

Ingredienser:

- 1 pund räkor, skalade och deveirade
- ½ kopp tomater, tärnade
- 2 matskedar olivolja
- 1 msk balsamvinäger
- ½ kopp jordgubbar, hackade
- Svartpeppar efter smak

vägbeskrivning:

1. Hetta upp en panna med oljan på medelhög värme, tillsätt räkorna, rör om och stek i 3 minuter.
2. Tillsätt resterande ingredienser, rör om, koka ytterligare 3-4 minuter, dela upp i skålar och servera.

Näring: Kalorier 205, Fett 9, Fiber 0,6, Kolhydrater 4, Protein 26,2

Bakad citronöring

Förberedelsetid: 10 minuter
Tillagningstid: 30 minuter
Portioner: 4

Ingredienser:
- 4 öringar
- 1 msk citronskal, rivet
- 2 matskedar olivolja
- 2 msk citronsaft
- En nypa svartpeppar
- 2 msk koriander, hackad

vägbeskrivning:
1. Blanda och riv fisken med citronskalet och övriga ingredienser i en ugnsform.
2. Grädda vid 370 grader F i 30 minuter, överför till tallrikar och servera.

Näring: Kalorier 264, Fett 12,3, Fiber 5, Kolhydrater 7, Protein 11

Gräslök pilgrimsmusslor

Förberedelsetid: 3 minuter
Tillagningstid: 4 minuter
Portioner: 4

Ingredienser:
- 12 pilgrimsmusslor
- 2 matskedar olivolja
- Svartpeppar efter smak
- 2 msk gräslök, hackad
- 1 msk söt paprika

vägbeskrivning:
1. Hetta upp en panna med olja på medelvärme, tillsätt pilgrimsmusslor, paprika och övriga ingredienser och stek i 2 minuter på varje sida.
2. Lägg upp på tallrikar och servera med en sallad till.

Näring: Kalorier 215, Fett 6, Fiber 5, Kolhydrater 4,5, Protein 11

Tonfisk köttbullar

Förberedelsetid: 10 minuter
Tillagningstid: 30 minuter
Portioner: 4

Ingredienser:

- 2 matskedar olivolja
- 1 pund tonfisk, skinnfri, benfri och hackad
- 1 gul lök, hackad
- ¼ kopp gräslök, hackad
- 1 ägg, vispat
- 1 msk kokosmjöl
- En nypa salt och svartpeppar

vägbeskrivning:

1. Blanda i en skål tonfisken med löken och övriga ingredienser utom oljan, rör om väl och forma till medelstora köttbullar.
2. Ordna köttbullarna på en bakplåt, smörj med olja, sätt in i ugnen på 350 grader F, tillaga i 30 minuter, arrangera på tallrikar och servera.

Näring: Kalorier 291, Fett 14,3, Fiber 5, Kolhydrater 12,4, Protein 11

<h1 style="text-align:center">laxpanna</h1>

Förberedelsetid: 10 minuter
Tillagningstid: 12 minuter
Portioner: 4

Ingredienser:

- 4 laxfiléer, urbenade och grovt tärnade
- 2 matskedar olivolja
- 1 röd paprika, skuren i strimlor
- 1 zucchini, grovt tärnad
- 1 aubergine, grovt tärnad
- 1 msk citronsaft
- 1 msk dill, hackad
- ¼ kopp lågnatrium grönsaksbuljong
- 1 tsk vitlökspulver
- En nypa svartpeppar

vägbeskrivning:

1. Hetta upp en panna med olja på medelhög värme, tillsätt paprika, zucchini och aubergine, rör om och fräs i 3 minuter.
2. Tillsätt laxen och övriga ingredienser, blanda försiktigt, koka i ytterligare 9 minuter, dela upp på tallrikar och servera.

Näring: Kalorier 348, Fett 18,4, Fiber 5,3, Kolhydrater 11,9, Protein 36,9

Senap torsk mix

Förberedelsetid: 10 minuter
Tillagningstid: 25 minuter
Portioner: 4

Ingredienser:
- 4 torskfiléer, utan skinn och ben
- En nypa svartpeppar
- 1 tsk ingefära, riven
- 1 msk senap
- 2 matskedar olivolja
- 1 tsk torkad timjan
- ¼ tesked mald spiskummin
- 1 tsk gurkmejapulver
- ¼ kopp koriander, hackad
- 1 dl grönsaksbuljong med låg natriumhalt
- 3 vitlöksklyftor, hackade

vägbeskrivning:
1. I en stekpanna, kombinera torsk, svartpeppar, ingefära och de andra ingredienserna, blanda försiktigt och grädda vid 380 grader F i 25 minuter.
2. Fördela blandningen mellan tallrikar och servera.

Näring: Kalorier 176, Fett 9, Fiber 1, Kolhydrater 3,7, Protein 21,2

Räkor och sparris mix

Förberedelsetid: 10 minuter
Tillagningstid: 14 minuter
Portioner: 4

Ingredienser:

- 1 knippe sparris, halverad
- 1 pund räkor, skalade och deveirade
- Svartpeppar efter smak
- 2 matskedar olivolja
- 1 rödlök, hackad
- 2 vitlöksklyftor, hackade
- 1 dl kokosgrädde

vägbeskrivning:

1. Hetta upp en panna med olja på medelhög värme, tillsätt lök, vitlök och sparris, rör om och fräs i 4 minuter.
2. Tillsätt räkorna och övriga ingredienser, rör om, låt sjuda på medelvärme i 10 minuter, dela i små skålar och servera.

Näring: Kalorier 225, Fett 6, Fiber 3,4, Kolhydrater 8,6, Protein 8

torsk och ärtor

Förberedelsetid: 10 minuter
Tillagningstid: 20 minuter
Portioner: 4

Ingredienser:

- 1 gul lök, hackad
- 2 matskedar olivolja
- ½ kopp lågnatrium kycklingbuljong
- 4 torskfiléer, benfria, skinnfria
- Svartpeppar efter smak
- 1 kopp snöärter

vägbeskrivning:

1. Hetta upp en kastrull med oljan på medelhög värme, tillsätt löken, rör om och fräs i 4 minuter.
2. Lägg i fisken och stek i 3 minuter på varje sida.
3. Tillsätt snöärter och övriga ingredienser, koka i ytterligare 10 minuter, dela upp på tallrikar och servera.

Näring: Kalorier 240, Fett 8,4, Fiber 2,7, Kolhydrater 7,6, Protein 14

räkor och musselskal

Förberedelsetid: 5 minuter
Tillagningstid: 12 minuter
Portioner: 4

Ingredienser:
- 1 pund musslor, skurade
- ½ kopp lågnatrium kycklingbuljong
- 1 pund räkor, skalade och deveirade
- 2 schalottenlök, hackade
- 1 dl körsbärstomater, tärnade
- 2 vitlöksklyftor, hackade
- 1 msk olivolja
- saft av 1 citron

vägbeskrivning:
1. Hetta upp en panna med oljan på medelhög värme, tillsätt schalottenlök och vitlök och fräs i 2 minuter.
2. Tillsätt räkorna, musslorna och övriga ingredienser, koka på medelvärme i 10 minuter, dela i små skålar och servera.

Näring: Kalorier 240, Fett 4,9, Fiber 2,4, Kolnydrater 11,6, Protein 8

mintkräm

Förberedelsetid:2 timmar och 4 minuter

Tillagningstid: 0 minuter
Portioner: 4

Ingredienser:
- 4 koppar yoghurt med låg fetthalt
- 1 dl kokosgrädde
- 3 matskedar stevia
- 2 tsk limeskal, rivet
- 1 msk mynta, hackad

vägbeskrivning:
1. Mixa grädden med yoghurten och övriga ingredienser i en mixer, mosa väl, dela i koppar och ställ i kylen i 2 timmar innan servering.

Näring: Kalorier 512, Fett 14,3, Fiber 1,5, Kolhydrater 83,6, Protein 12,1

hallonpudding

Förberedelsetid: 10 minuter
Tillagningstid: 24 minuter
Portioner: 4

Ingredienser:
- 1 dl hallon
- 2 tsk kokosblomsocker
- 3 ägg, vispade
- 1 msk avokadoolja
- ½ dl mandelmjölk
- ½ kopp kokosmjöl
- ¼ kopp fettfri yoghurt

vägbeskrivning:
1. I en skål, kombinera hallonen med sockret och övriga ingredienser utom matlagningssprayen och vispa väl.
2. Smörj en puddingform med matlagningssprayen, tillsätt hallonblandningen, bred ut, grädda i ugnen på 200 grader F i 24 minuter, bred ut på desserttallrikar och servera.

Näring: Kalorier 215, Fett 11,3, Fiber 3,4, Kolhydrater 21,3, Protein 6,7

Mandelstänger

Förberedelsetid: 10 minuter
Tillagningstid: 30 minuter
Portioner: 4

Ingredienser:

- 1 dl mandel, krossad
- 2 ägg, vispade
- ½ dl mandelmjölk
- 1 tsk vaniljextrakt
- 2/3 kopp kokossocker
- 2 dl fullkornsmjöl
- 1 tsk bakpulver
- matlagningsspray

vägbeskrivning:

1. I en skål, kombinera mandeln med äggen och de andra ingredienserna förutom matlagningssprayen och blanda väl.
2. Häll i en rektangulär form smord med matlagningsspray, fördela jämnt, grädda i ugnen i 30 minuter, låt svalna, skär i barer och servera.

Näring: Kalorier 463, Fett 22,5, Fiber 11, Kolhydrater 54,4, Protein 16,9

Blandning av bakade persikor

Förberedelsetid: 10 minuter
Tillagningstid: 30 minuter
Portioner: 4

Ingredienser:
- 4 persikor, stenade och halverade
- 1 msk kokosblomsocker
- 1 tsk vaniljextrakt
- ¼ tesked kanelpulver
- 1 msk avokadoolja

vägbeskrivning:
1. I en bakpanna, kombinera persikorna med sockret och andra ingredienser, grädda vid 375 grader F i 30 minuter, svalna och servera.

Näring: Kalorier 91, Fett 0,8, Fiber 2,5, Kolhydrater 19,2, Protein 1,7

Valnötstårta

Förberedelsetid: 10 minuter
Tillagningstid: 25 minuter
Portioner: 8

Ingredienser:
- 3 dl mandelmjöl
- 1 kopp kokossocker
- 1 msk vaniljextrakt
- ½ kopp valnötter, hackade
- 2 tsk bakpulver
- 2 dl kokosmjölk
- ½ kopp kokosolja, smält

vägbeskrivning:
1. Kombinera mandelmjölet med sockret och övriga ingredienser i en skål, vispa väl, häll i en kakform, sprid ut, sätt in i ugnen på 370 grader F, grädda 25 minuter.
2. Låt kakan svalna, skiva och servera.

Näring: Kalorier 445, Fett 10, Fiber 6,5, Kolhydrater 31,4, Protein 23,5

Äppelkaka

Förberedelsetid: 10 minuter
Tillagningstid: 30 minuter
Portioner: 4

Ingredienser:
- 2 dl mandelmjöl
- 1 tsk bakpulver
- 1 tsk bakpulver
- ½ tsk kanelpulver
- 2 msk kokosblomsocker
- 1 dl mandelmjölk
- 2 gröna äpplen, urkärnade, skalade och hackade
- matlagningsspray

vägbeskrivning:
1. I en skål, kombinera mjöl, bakpulver, äpplen och andra ingredienser förutom matlagningssprayen och vispa väl.
2. Häll detta i en kakform smord med matlagningssprayen, sprid ut väl, sätt in i ugnen och grädda vid 360 grader F i 30 minuter.
3. Låt kakan svalna, skiva och servera.

Näring: Kalorier 332, Fett 22,4, Fiber 9l,6, Kolhydrater 22,2, Protein 12,3

kanelkräm

Förberedelsetid: 2 timmar
Tillagningstid: 10 minuter
Portioner: 4

Ingredienser:
- 1 kopp fettfri mandelmjölk
- 1 dl kokosgrädde
- 2 dl kokossocker
- 2 msk kanelpulver
- 1 tsk vaniljextrakt

vägbeskrivning:
1. Hetta upp en panna med mandelmjölken på medelhög värme, tillsätt resterande ingredienser, vispa och koka i ytterligare 10 minuter.
2. Fördela blandningen mellan skålar, låt svalna och kyl i 2 timmar innan servering.

Näring: Kalorier 254, Fett 7,5, Fiber 5, Kolhydrater 16,4, Protein 9,5

Krämig jordgubbsmix

Förberedelsetid: 10 minuter
Tillagningstid: 0 minuter
Portioner: 4

Ingredienser:
- 1 tsk vaniljextrakt
- 2 dl jordgubbar, hackade
- 1 tsk kokosblomsocker
- 8 uns fettfri yoghurt

vägbeskrivning:
1. Blanda jordgubbarna med vanilj och övriga ingredienser i en skål, rör om och servera kallt.

Näring: Kalorier 343, Fett 13,4, Fiber 6, Kolhydrater 15,43, Protein 5,5

Vanilj Pecan Brownies

Förberedelsetid: 10 minuter
Tillagningstid: 25 minuter
Portioner: 8

Ingredienser:
- 1 dl pekannötter, hackade
- 3 msk kokosblomsocker
- 2 matskedar kakaopulver
- 3 ägg, vispade
- ¼ kopp kokosolja, smält
- ½ tsk bakpulver
- 2 tsk vaniljextrakt
- matlagningsspray

vägbeskrivning:
1. I din matberedare, blanda pekannötterna med kokossockret och de andra ingredienserna förutom matlagningssprayen och mosa väl.
2. Smörj en rektangulär form med matlagningsspray, tillsätt brownieblandningen, bred ut, ställ in i ugnen, grädda vid 350 grader F i 25 minuter, låt svalna, skiva och servera.

Näring: Kalorier 370, Fett 14,3, Fiber 3, Kolhydrater 14,4, Protein 5,6

jordgubbstårta

Förberedelsetid: 10 minuter
Tillagningstid: 25 minuter
Portioner: 6

Ingredienser:
- 2 dl fullkornsmjöl
- 1 dl jordgubbar, hackade
- ½ tesked bakpulver
- ½ kopp kokossocker
- ¾ kopp kokosmjölk
- ¼ kopp kokosolja, smält
- 2 ägg, vispade
- 1 tsk vaniljextrakt
- matlagningsspray

vägbeskrivning:
1. I en skål, kombinera mjölet med jordgubbarna och övriga ingredienser utom matlagningssprayen och vispa väl.
2. Smörj en kakform med matlagningsspray, häll i kakmixen, bred ut, grädda i ugnen på 350 grader F i 25 minuter, kyl, skiva och servera.

Näring: Kalorier 465, Fett 22,1, Fiber 4, Kolhydrater 18,3, Protein 13,4

kakaopudding

Förberedelsetid: 10 minuter
Tillagningstid: 10 minuter
Portioner: 4

Ingredienser:
- 2 msk kokosblomsocker
- 3 msk kokosmjöl
- 2 matskedar kakaopulver
- 2 dl mandelmjölk
- 2 ägg, vispade
- ½ tesked vaniljextrakt

vägbeskrivning:
1. Häll mjölken i en kastrull, tillsätt kakaon och övriga ingredienser, vispa, låt sjuda på medelvärme i 10 minuter, häll upp i små muggar och servera kallt.

Näring: Kalorier 385, Fett 31,7, Fiber 5,7, Kolhydrater 21,6, Protein 7,3

Muskot vaniljkräm

Förberedelsetid: 10 minuter
Tillagningstid: 0 minuter
Portioner: 6

Ingredienser:
- 3 koppar fettfri mjölk
- 1 tsk muskotnöt, mald
- 2 tsk vaniljextrakt
- 4 tsk kokosblomsocker
- 1 dl valnötter, hackade

vägbeskrivning:
1. Blanda mjölken med muskotnöt och övriga ingredienser i en skål, vispa väl, dela i små koppar och servera kall.

Näring: Kalorier 243, Fett 12,4, Fiber 1,5, Kolhydrater 21,1, Protein 9,7

Avokadokräm

Förberedelsetid:1 timme och 10 minuter

Tillagningstid: 0 minuter
Portioner: 4

Ingredienser:
- 2 dl kokosgrädde
- 2 avokado, skalade, urkärnade och mosade
- 2 msk kokosblomsocker
- 1 tsk vaniljextrakt

vägbeskrivning:
1. Blanda grädden med avokadon och övriga ingredienser i en mixer, mosa väl, dela i koppar och ställ i kylen 1 timme innan servering.

Näring: Kalorier 532, Fett 48,2, Fiber 9,4, Kolhydrater 24,9, Protein 5,2

hallonkräm

Förberedelsetid: 10 minuter
Tillagningstid: 25 minuter
Portioner: 4

Ingredienser:

- 2 msk mandelmjöl
- 1 dl kokosgrädde
- 3 koppar hallon
- 1 kopp kokossocker
- 8 uns låg fetthalt färskost

vägbeskrivning:

1. I en skål, vispa ihop mjöl, tung grädde och andra ingredienser, lägg i en rund panna, koka vid 360 grader F i 25 minuter, dela mellan skålar och servera.

Näring: Kalorier 429, Fett 36,3, Fiber 7,7, Kolhydrater 21,3, Protein 7,8

vattenmelon sallad

Förberedelsetid: 4 minuter
Tillagningstid: 0 minuter
Portioner: 4

Ingredienser:

- 1 dl vattenmelon, skalad och tärnad
- 2 äpplen, kärnade ur och tärnade
- 1 msk kokosgrädde
- 2 bananer, skurna i bitar

vägbeskrivning:

1. Blanda vattenmelonen med äpplena och övriga ingredienser i en skål, rör om och servera.

Näring: Kalorier 131, Fett 1,3, Fiber 4,5, Kolhydrater 31,9, Protein 1,3

Kokospäronmix

Förberedelsetid: 10 minuter
Tillagningstid: 10 minuter
Portioner: 4

Ingredienser:
- 2 tsk limejuice
- ½ dl kokosgrädde
- ½ kopp kokos, strimlad
- 4 päron, urkärnade och tärnade
- 4 matskedar kokosblomsocker

vägbeskrivning:
1. I en kastrull, kombinera päronen med limejuice och övriga ingredienser, rör om, låt sjuda på medelvärme och koka i 10 minuter.
2. Häll upp i skålar och servera kallt.

Näring: Kalorier 320, Fett 7,8, Fiber 3, Kolhydrater 6,4, Protein 4,7

Kompott av äpplen

Förberedelsetid: 10 minuter
Tillagningstid: 15 minuter
Portioner: 4

Ingredienser:

- 5 matskedar kokosblomsocker
- 2 koppar apelsinjuice
- 4 äpplen, kärnade ur och tärnade

vägbeskrivning:

1. Blanda äpplena med sockret och apelsinjuicen i en kastrull, rör om, låt koka upp på medelvärme, koka i 15 minuter, dela i skålar och servera kallt.

Näring: Kalorier 220, Fett 5,2, Fiber 3, Kolhydrater 5,6, Protein 5,6

aprikosgryta

Förberedelsetid: 10 minuter
Tillagningstid: 15 minuter
Portioner: 4

Ingredienser:
- 2 dl aprikoser, halverade
- 2 koppar vatten
- 2 msk kokosblomsocker
- 2 msk citronsaft

vägbeskrivning:
1. Blanda aprikoserna med vattnet och övriga ingredienser i en kastrull, rör om, koka på medelvärme i 15 minuter, dela i skålar och servera.

Näring: Kalorier 260, Fett 6,2, Fiber 4,2, Kolhydrater 5,6, Protein 6

Citron melon mix

Förberedelsetid: 10 minuter
Tillagningstid: 10 minuter
Portioner: 4

Ingredienser:
- 2 koppar cantaloupe, skalad och grovt tärnad
- 4 matskedar kokosblomsocker
- 2 tsk vaniljextrakt
- 2 tsk citronsaft

vägbeskrivning:
1. Blanda cantaloupen med sockret och övriga ingredienser i en liten panna, värm på medelvärme, koka i ca 10 minuter, dela i små skålar och servera kallt.

Näring: Kalorier 140, Fett 4, Fiber 3,4, Kolhydrater 6,7, Protein 5

Krämig rabarberkräm

Förberedelsetid: 10 minuter
Tillagningstid: 14 minuter
Portioner: 4

Ingredienser:
- 1/3 kopp låg fetthalt färskost
- ½ dl kokosgrädde
- 2 pund rabarber, grovt hackad
- 3 msk kokosblomsocker

vägbeskrivning:
1. Blanda färskosten med grädden och övriga ingredienser i en mixer och puré väl.
2. Dela i små koppar, placera i ugnen och grädda vid 350 grader F i 14 minuter.
3. Servera kall.

Näring: Kalorier 360, Fett 14,3, Fiber 4,4, Kolhydrater 5,8, Protein 5,2

ananas skålar

Förberedelsetid: 10 minuter
Tillagningstid: 0 minuter
Portioner: 4

Ingredienser:

- 3 koppar ananas, skalad och tärnad
- 1 tsk chiafrön
- 1 dl kokosgrädde
- 1 tsk vaniljextrakt
- 1 msk mynta, hackad

vägbeskrivning:

1. I en skål, kombinera ananasen med grädden och övriga ingredienser, blanda, dela i mindre skålar och ställ i kylen 10 minuter före servering.

Näring: Kalorier 238, Fett 16,6, Fiber 5,6, Kolhydrater 22,8, Protein 3,3

blåbärsgryta

Förberedelsetid: 10 minuter
Tillagningstid: 10 minuter
Portioner: 4

Ingredienser:

- 2 msk citronsaft
- 1 kopp vatten
- 3 msk kokosblomsocker
- 12 uns blåbär

vägbeskrivning:

1. Blanda blåbären med sockret och övriga ingredienser i en kastrull, låt sjuda försiktigt och koka på medelvärme i 10 minuter.
2. Häll upp i skålar och servera.

Näring: Kalorier 122, Fett 0,4, Fiber 2,1, Kolhydrater 26,7, Protein 1,5

limepudding

Förberedelsetid: 10 minuter
Tillagningstid: 15 minuter
Portioner: 4

Ingredienser:
- 2 dl kokosgrädde
- saft av 1 lime
- skal av 1 lime, rivet
- 3 msk kokosolja, smält
- 1 ägg, vispat
- 1 tsk bakpulver

vägbeskrivning:
1. I en skål, kombinera grädden med limesaften och övriga ingredienser och vispa väl.
2. Dela i små formar, sätt in i ugnen och grädda i 360 grader F i 15 minuter.
3. Servera puddingen kall.

Näring: Kalorier 385, Fett 39,9, Fiber 2,7, Kolhydrater 8,2, Protein 4,2

persikokräm

Förberedelsetid: 10 minuter
Tillagningstid: 0 minuter
Portioner: 4

Ingredienser:
- 3 dl kokosgrädde
- 2 persikor, stenade och hackade
- 1 tsk vaniljextrakt
- ½ kopp mandel, hackad

vägbeskrivning:
1. Mixa grädden och övriga ingredienser i en mixer, mosa väl, dela i små skålar och servera kallt.

Näring: Kalorier 261, Fett 13, Fiber 5,6, Kolhydrater 7, Protein 5,4

Kanel Plum Mix

Förberedelsetid: 10 minuter
Tillagningstid: 15 minuter
Portioner: 4

Ingredienser:
- 1 pund plommon, urkärnade och halverade
- 2 msk kokosblomsocker
- ½ tsk kanelpulver
- 1 kopp vatten

vägbeskrivning:
1. Blanda plommonen med sockret och övriga ingredienser i en kastrull, låt koka upp och koka på medelhög värme i 15 minuter.
2. Häll upp i skålar och servera kallt.

Näring: Kalorier 142, Fett 4, Fiber 2,4, Kolhydrater 14, Protein 7

Chia och vaniljäpplen

Förberedelsetid: 10 minuter
Tillagningstid: 10 minuter
Portioner: 4

Ingredienser:

- 2 dl äpplen, kärna ur och skär i klyftor
- 2 msk chiafrön
- 1 tsk vaniljextrakt
- 2 koppar naturligt osötad äppeljuice

vägbeskrivning:

1. Blanda äpplena med chiafröna och övriga ingredienser i en liten kastrull, rör om, koka på medelvärme i 10 minuter, dela i små skålar och servera kallt.

Näring: Kalorier 172, Fett 5,6, Fiber 3,5, Kolhydrater 10, Protein 4,4

Ris- och päronpudding

Förberedelsetid: 10 minuter
Tillagningstid: 25 minuter
Portioner: 4

Ingredienser:

- 6 koppar vatten
- 1 kopp kokossocker
- 2 koppar svart ris
- 2 päron, urkärnade och tärnade
- 2 tsk kanelpulver

vägbeskrivning:

1. Häll vattnet i en kastrull, värm på medelvärme, tillsätt ris, socker och övriga ingredienser, rör om, låt sjuda, sänk värmen till medel och koka i 25 minuter.
2. Häll upp i skålar och servera kallt.

Näring: Kalorier 290, Fett 13,4, Fiber 4, Kolhydrater 13,20, Protein 6,7

Rabarbergryta

Förberedelsetid: 10 minuter
Tillagningstid: 15 minuter
Portioner: 4

Ingredienser:
- 2 dl rabarber, grovt hackad
- 3 msk kokosblomsocker
- 1 tsk mandelextrakt
- 2 koppar vatten

vägbeskrivning:
1. Blanda rabarbern med övriga ingredienser i en kastrull, rör om, låt koka upp på medelvärme, koka i 15 minuter, dela i skålar och servera kallt.

Näring: Kalorier 142, Fett 4,1, Fiber 4,2, Kolhydrater 7, Protein 4

Rabarberkräm

Förberedelsetid: 1 timme
Tillagningstid: 10 minuter
Portioner: 4

Ingredienser:

- 2 dl kokosgrädde
- 1 dl rabarber, hackad
- 3 ägg, vispade
- 3 msk kokosblomsocker
- 1 msk limejuice

vägbeskrivning:

1. Blanda grädden med rabarbern och övriga ingredienser i en liten kastrull, vispa väl, låt puttra på medelvärme i 10 minuter, puré med en stavmixer, dela upp i små skålar och ställ i kylen i 1 timme innan servering.

Näring: Kalorier 230, Fett 8,4, Fiber 2,4, Kolhydrater 7,8, Protein 6

blåbärssallad

Förberedelsetid: 5 minuter
Tillagningstid: 0 minuter
Portioner: 4

Ingredienser:
- 2 koppar blåbär
- 3 msk mynta, hackad
- 1 päron, urkärnat och tärnat
- 1 äpple, kärna och tärningar
- 1 msk kokosblomsocker

vägbeskrivning:
1. Blanda blåbären med myntan och övriga ingredienser i en skål, rör om och servera kallt.

Näring: Kalorier 150, Fett 2,4, Fiber 4, Kolhydrater 6,8, Protein 6

dadlar och banankräm

Förberedelsetid: 5 minuter
Tillagningstid: 0 minuter
Portioner: 4

Ingredienser:
- 1 dl mandelmjölk
- 1 banan, skalad och skivad
- 1 tsk vaniljextrakt
- ½ dl kokosgrädde
- Dadlar, hackade

vägbeskrivning:
1. Mixa dadlarna med bananen och övriga ingredienser i en mixer, mosa väl, dela i små koppar och servera kallt.

Näring: Kalorier 271, Fett 21,6, Fiber 3,8, Kolhydrater 21,2, Protein 2,7

plommonmuffins

Förberedelsetid: 10 minuter
Tillagningstid: 25 minuter
Portioner: 12

Ingredienser:

- 3 msk kokosolja, smält
- ½ dl mandelmjölk
- 4 ägg, vispade
- 1 tsk vaniljextrakt
- 1 dl mandelmjöl
- 2 tsk kanelpulver
- ½ tsk bakpulver
- 1 dl plommon, stenade och hackade

vägbeskrivning:

1. Blanda i en skål kokosoljan med mandelmjölken och övriga ingredienser och vispa väl.
2. Dela i en muffinsform, sätt in i ugnen på 350 grader F och grädda i 25 minuter.
3. Servera muffinsen kalla.

Näring: Kalorier 270, Fett 3,4, Fiber 4,4, Kolhydrater 12, Protein 5

plommon- och russinskal

Förberedelsetid: 10 minuter
Tillagningstid: 20 minuter
Portioner: 4

Ingredienser:
- ½ pund plommon, urkärnade och halverade
- 2 msk kokosblomsocker
- 4 matskedar russin
- 1 tsk vaniljextrakt
- 1 dl kokosgrädde

vägbeskrivning:
1. Blanda plommonen med sockret och övriga ingredienser i en kastrull, låt koka upp och koka på medelhög värme i 20 minuter.
2. Häll upp i skålar och servera.

Näring: Kalorier 219, Fett 14,4, Fiber 1,8, Kolhydrater 21,1, Protein 2,2

Solrosfröstänger

Förberedelsetid: 10 minuter
Tillagningstid: 20 minuter
Portioner: 6

Ingredienser:
- 1 dl kokosmjöl
- ½ tesked bakpulver
- 1 matsked linfrö
- 3 matskedar mandelmjölk
- 1 kopp solrosfrön
- 2 msk kokosolja, smält
- 1 tsk vaniljextrakt

vägbeskrivning:
1. Blanda mjölet med bakpulver och övriga ingredienser i en skål, blanda väl, bred ut på en ugnsplåt, tryck till ordentligt, grädda i ugnen på 150 grader i 20 minuter, låt svalna, skär i barer och servera.

Näring: Kalorier 189, Fett 12,6, Fiber 9,2, Kolhydrater 15,7, Protein 4,7

Blackberry och cashew skålar

Förberedelsetid: 10 minuter

Tillagningstid: 0 minuter

Portioner: 4

Ingredienser:

- 1 kopp cashewnötter
- 2 dl björnbär
- ¾ kopp kokosgrädde
- 1 tsk vaniljextrakt
- 1 msk kokosblomsocker

vägbeskrivning:

1. Blanda cashewnötterna med bären och övriga ingredienser i en skål, rör om, dela i små skålar och servera.

Näring: Kalorier 230, Fett 4, Fiber 3,4, Kolhydrater 12,3, Protein 8

apelsin- och mandarinskal

Förberedelsetid: 4 minuter
Tillagningstid: 8 minuter
Portioner: 4

Ingredienser:
- 4 apelsiner, skalade och skurna i bitar
- 2 mandariner, skalade och skurna i bitar
- saft av 1 lime
- 2 msk kokosblomsocker
- 1 kopp vatten

vägbeskrivning:
1. Blanda apelsinerna med mandarinerna och övriga ingredienser i en kastrull, låt sjuda och koka på medelhög värme i 8 minuter.
2. Häll upp i skålar och servera kallt.

Näring: Kalorier 170, Fett 2,3, Fiber 2,3, Kolhydrater 11, Protein 3,4

pumpa kräm

Förberedelsetid: 2 timmar
Tillagningstid: 0 minuter
Portioner: 4

Ingredienser:
- 2 dl kokosgrädde
- 1 dl pumpapuré
- 14 uns kokosgrädde
- 3 msk kokosblomsocker

vägbeskrivning:
1. Blanda grädden med pumpapurén och övriga ingredienser i en skål, vispa väl, dela i små skålar och ställ i kylen i 2 timmar innan servering.

Näring: Kalorier 350, Fett 12,3, Fiber 3, Kolhydrater 11,7, Protein 6

Fikon- och rabarbermix

Förberedelsetid: 6 minuter
Tillagningstid: 14 minuter
Portioner: 4

Ingredienser:
- 2 msk kokosolja, smält
- 1 dl rabarber, grovt hackad
- 12 fikon, halverade
- ¼ kopp kokossocker
- 1 kopp vatten

vägbeskrivning:
1. Hetta upp en panna med oljan på medelhög värme, tillsätt fikonen och övriga ingredienser, rör om, koka 14 minuter, dela i små koppar och servera kallt.

Näring: Kalorier 213, Fett 7,4, Fiber 6,1, Kolhydrater 39, Protein 2,2

Kryddad banan

Förberedelsetid: 4 minuter
Tillagningstid: 15 minuter
Portioner: 4

Ingredienser:
- 4 bananer, skalade och halverade
- 1 tsk muskotnöt, mald
- 1 tsk kanelpulver
- saft av 1 lime
- 4 matskedar kokosblomsocker

vägbeskrivning:
1. Ordna bananerna i en bakpanna, tillsätt muskotnöt och andra ingredienser och grädda vid 350 grader F i 15 minuter.
2. Lägg upp de bakade bananerna på tallrikar och servera.

Näring: Kalorier 206, Fett 0,6, Fiber 3,2, Kolhydrater 47,1, Protein 2,4

Kakaosmoothie

Förberedelsetid: 5 minuter

Tillagningstid: 0 minuter

Portioner: 2

Ingredienser:

- 2 tsk kakaopulver
- 1 avokado, urkärnad, skalad och mosad
- 1 dl mandelmjölk
- 1 dl kokosgrädde

vägbeskrivning:

1. Blanda mandelmjölken med grädden och övriga ingredienser i din mixer, mosa väl, dela mellan kopparna och servera kallt.

Näring: Kalorier 155, Fett 12,3, Fiber 4, Kolhydrater 8,6, Protein 5

bananbar

Förberedelsetid: 30 minuter

Tillagningstid: 0 minuter

Portioner: 4

Ingredienser:

- 1 dl kokosolja, smält
- 2 bananer, skalade och hackade
- 1 avokado, skalad, urkärnad och mosad
- ½ kopp kokossocker
- ¼ kopp limejuice
- 1 tsk citronskal, rivet
- matlagningsspray

vägbeskrivning:

1. I din matberedare, blanda bananerna med oljan och de andra ingredienserna förutom matlagningssprayen och pulsa väl.
2. Smörj en panna med matlagningssprayen, häll i bananblandningen och bred ut, sprid ut, kyl i 30 minuter, skär i barer och servera.

Näring: Kalorier 639, Fett 64,6, Fiber 4,9, Kolhydrater 20,5, Protein 1,7

Grönt te och dadelbarer

Förberedelsetid: 10 minuter
Tillagningstid: 30 minuter
Portioner: 8

Ingredienser:
- 2 matskedar grönt tepulver
- 2 dl kokosmjölk, uppvärmd
- ½ kopp kokosolja, smält
- 2 dl kokossocker
- 4 ägg, vispade
- 2 tsk vaniljextrakt
- 3 dl mandelmjöl
- 1 tsk bakpulver
- 2 tsk bakpulver

vägbeskrivning:
1. I en skål, kombinera kokosmjölken med det gröna tepulvret och de återstående ingredienserna, rör om väl, häll i en rektangulär panna, bred ut, sätt in i ugnen, grädda vid 350 grader F i 30 minuter, svalna, skär i barer och servera.

Näring: Kalorier 560, Fett 22,3, Fiber 4, Kolhydrater 12,8, Protein 22,1

valnötskräm

Förberedelsetid: 2 timmar
Tillagningstid: 0 minuter
Portioner: 4

Ingredienser:
- 2 dl mandelmjölk
- ½ dl kokosgrädde
- ½ kopp valnötter, hackade
- 3 msk kokosblomsocker
- 1 tsk vaniljextrakt

vägbeskrivning:
1. Blanda mandelmjölken med grädden och övriga ingredienser i en skål, vispa väl, dela mellan koppar och ställ i kylen i 2 timmar innan servering.

Näring: Kalorier 170, Fett 12,4, Fiber 3, Kolhydrater 12,8, Protein 4

citronkaka

Förberedelsetid: 10 minuter
Tillagningstid: 35 minuter
Portioner: 6

Ingredienser:
- 2 dl fullkornsmjöl
- 1 tsk bakpulver
- 2 msk kokosolja, smält
- 1 ägg, vispat
- 3 msk kokosblomsocker
- 1 dl mandelmjölk
- skal av 1 citron, rivet
- saft av 1 citron

vägbeskrivning:
1. I en skål, kombinera mjölet med oljan och andra ingredienser, vispa väl, häll i en kakform och grädda vid 360 grader F i 35 minuter.
2. Skiva och servera kall.

Näring: Kalorier 222, Fett 12,5, Fiber 6,2, Kolhydrater 7, Protein 17,4

Russinstänger

Förberedelsetid: 10 minuter
Tillagningstid: 25 minuter
Portioner: 6

Ingredienser:
- 1 tsk kanelpulver
- 2 dl mandelmjöl
- 1 tsk bakpulver
- ½ tsk muskot, mald
- 1 dl kokosolja, smält
- 1 kopp kokossocker
- 1 ägg, vispat
- 1 dl russin

vägbeskrivning:
1. I en skål, kombinera mjölet med kanel och andra ingredienser, blanda väl, sprid ut på en bakplåtspappersklädd plåt, ställ in i ugnen, grädda vid 380 grader F i 25 minuter, skär i barer och servera kallt.

Näring: Kalorier 274, Fett 12, Fiber 5,2, Kolhydrater 14,5, Protein 7

Nektarinkvadrater

Förberedelsetid: 10 minuter
Tillagningstid: 20 minuter
Portioner: 4

Ingredienser:

- 3 nektariner, urkärnade och hackade
- 1 msk kokosblomsocker
- ½ tesked bakpulver
- 1 dl mandelmjöl
- 4 matskedar kokosolja, smält
- 2 matskedar kakaopulver

vägbeskrivning:

1. I en mixer, kombinera nektarinerna med sockret och
   övriga ingredienser, blanda väl, häll i en fodrad
   fyrkantig form, bred ut, grädda i ugnen på 375 grader
   F i 20 minuter, ställ åt sidan för att svalna något, skär
   i rutor och servera.

Näring: Kalorier 342, Fett 14,4, Fiber 7,6, Kolhydrater 12, Protein
7,7

druvgryta

Förberedelsetid: 10 minuter
Tillagningstid: 20 minuter
Portioner: 4

Ingredienser:
- 1 kopp gröna druvor
- Saft av ½ lime
- 2 msk kokosblomsocker
- 1 och ½ dl vatten
- 2 tsk kardemummapulver

vägbeskrivning:
1. Hetta upp en panna med vattnet på medelvärme, tillsätt druvorna och övriga ingredienser, låt koka upp, koka i 20 minuter, dela i skålar och servera.

Näring: Kalorier 384, Fett 12,5, Fiber 6,3, Kolhydrater 13,8, Protein 5,6

Mandarin och plommonkräm

Förberedelsetid: 10 minuter
Tillagningstid: 20 minuter
Portioner: 4

Ingredienser:
- 1 mandarin, skalad och hackad
- ½ pund plommon, stenade och hackade
- 1 dl kokosgrädde
- Saft av 2 mandariner
- 2 msk kokosblomsocker

vägbeskrivning:
1. Blanda mandarinen med plommonen och andra ingredienser i en mixer, blanda väl, dela i små ramekins, ställ in i ugnen, grädda vid 350 grader F i 20 minuter och servera kallt.

Näring: Kalorier 402, Fett 18,2, Fiber 2, Kolhydrater 22,2, Protein 4,5

Körsbärs- och jordgubbsgrädde

Förberedelsetid: 10 minuter
Tillagningstid: 0 minuter
Portioner: 6

Ingredienser:

- 1 pund körsbär, urkärnade
- 1 dl jordgubbar, hackade
- ¼ kopp kokossocker
- 2 dl kokosgrädde

vägbeskrivning:

1. Mixa körsbären med övriga ingredienser i en mixer, mosa väl, dela mellan skålar och servera kallt.

Näring: Kalorier 342, Fett 22,1, Fiber 5,6, Kolhydrater 8,4, Protein 6,5

Kardemumma valnötter och risgrynsgröt

Förberedelsetid: 5 minuter
Tillagningstid: 40 minuter
Portioner: 4

Ingredienser:

- 1 kopp basmatiris
- 3 dl mandelmjölk
- 3 msk kokosblomsocker
- ½ tsk kardemummapulver
- ¼ kopp valnötter, hackade

vägbeskrivning:

1. Blanda riset med mjölken och övriga ingredienser i en kastrull, rör om, koka i 40 minuter på medelvärme, dela i skålar och servera kallt.

Näring: Kalorier 703, Fett 47,9, Fiber 5,2, Kolhydrater 62,1, Protein 10,1

päronbröd

Förberedelsetid: 10 minuter
Tillagningstid: 30 minuter
Portioner: 4

Ingredienser:
- 2 dl päron, urkärnade och tärnade
- 1 kopp kokossocker
- 2 ägg, vispade
- 2 dl mandelmjöl
- 1 msk bakpulver
- 1 msk kokosolja, smält

vägbeskrivning:
1. I en skål, kombinera päronen med sockret och andra ingredienser, vispa, häll i en brödform, sätt in i ugnen och grädda vid 350 grader F i 30 minuter.
2. Skiva och servera kall.

Näring: Kalorier 380, Fett 16,7, Fiber 5, Kolhydrater 17,5, Protein 5,6

Ris- och körsbärspudding

Förberedelsetid: 10 minuter
Tillagningstid: 25 minuter
Portioner: 4

Ingredienser:

- 1 msk kokosolja, smält
- 1 kopp vitt ris
- 3 dl mandelmjölk
- ½ dl körsbär, urkärnade och halverade
- 3 msk kokosblomsocker
- 1 tsk kanelpulver
- 1 tsk vaniljextrakt

vägbeskrivning:

1. I en kastrull, kombinera oljan med riset och övriga ingredienser, rör om, låt sjuda, koka på medelhög värme i 25 minuter, överför till skålar och servera kallt.

Näring: Kalorier 292, Fett 12,4, Fiber 5,6, Kolhydrater 8, Protein 7

Vattenmelongryta

Förberedelsetid: 5 minuter
Tillagningstid: 8 minuter
Portioner: 4

Ingredienser:
- saft av 1 lime
- 1 tsk limeskal, rivet
- 1 och ½ kopp kokossocker
- 4 dl vattenmelon, skalad och skuren i stora bitar
- 1 och ½ dl vatten

vägbeskrivning:
1. Kombinera vattenmelonen med limeskalet och övriga ingredienser i en kastrull, låt sjuda på medelvärme, koka i 8 minuter, dela i skålar och servera kallt.

Näring:: Kalorier 233, Fett 0,2, Fiber 0,7, Kolhydrater 61,5, Protein 0,9

ingefära pudding

Förberedelsetid: 1 timme
Tillagningstid: 0 minuter
Portioner: 4

Ingredienser:
- 2 dl mandelmjölk
- ½ dl kokosgrädde
- 2 msk kokosblomsocker
- 1 msk ingefära, riven
- ¼ kopp chiafrön

vägbeskrivning:
1. I en skål, kombinera mjölken med grädden och övriga ingredienser, vispa väl, dela i små koppar och ställ i kylen i 1 timme innan servering.

Näring: Kalorier 345, Fett 17, Fiber 4,7, Kolhydrater 11,5, Protein 6,9